高中传统文化
通识课助学读物

为善之道

《孟子》导读

高路——著

中国青年出版社

前言

本书是《孟子》的助学读物，为中国青年出版社组织编撰的经典助学丛书的一种。

《孟子》与《论语》《大学》《中庸》一起构成“四书”，是中华传统文化最重要的经典。古代不仅知识分子要学习，其他人也要学习，是全民教育的普及读本。今天我们读经典，能够背诵其中的句子固然很应该、很重要，但更应该、更重要的是掌握精神实质，用于今天的生活和工作，提高自己的能力和素质。为了体现这一点，帮助读者开启思路，本丛书采用主题体例，即确定每部经典的主旨，以这一主旨为核心组织专题。这种体例的突出优点是系统性和思想性强，便于读者从整体上学习和理解经典。

II

《孟子》的主旨是什么？就仁义而言，如果说《论语》突出的是仁，那么《孟子》突出的则是义。关于义，《孟子》最经典的说法是“义，人路也”。义是人走的道路，也可以理解为义把人引向人路。所谓人路，就是人这个物种独有的道路，只要是人就应该走的道路。这条道路的根本特征是什么？是善。在孟子那里，善相当于“道”，是仁义礼智等准则的总体。为此我们可以把人路概括为善道，可称善道人路。走善道人路就是《孟子》的主旨，可以说《孟子》的全部论述都是围绕这一主旨展开的。

坚守善道人路具有重大现实意义。宏观上，它为我们提供了一条与物质主义和工具主义截然不同的途径，这条途径固守人本，高扬道义，追求尊严。微观上，它为个人提供了一种做人方式、生活方式、生命方式，这种方式以最大限度地开掘和发挥心性之善为己任，为最高价值和最大快乐。我们不一定能够完全践行善道人路，但至少可以从中获得有益的启迪和补充，使我们的人生更加丰富多彩。

I

目录

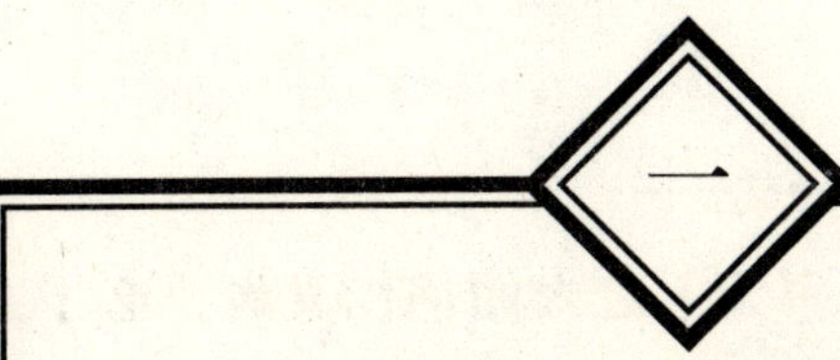

一

性善：人路的根据

（一）

人性的误区

语录

原文——

率天下之人而祸仁义者，必子之言夫！（《孟子·告子上》）

译文——

误导人们祸害仁义的，定然是你这种论调！

议题 1

性恶与性善

人性是什么？对作为人的我们来说，是应该也是必须首先明确的问题，然而时至今日仍是一笔糊涂账。

发生在 2300 多年前的关于人性的一次辩论精彩纷呈，其后的种种理论都可以或多或少、或隐或现地从中找到自己的雏影。再现这次辩论无疑可以为我们厘清人性问题提供一个经典案例。

辩论的正方是一个名叫告子的青年学者，反方是大名鼎鼎的孟子。按照内容，这次辩论可以分出三场。

第一场辩论。

正方的陈述是：人性好比柔软的柳条，仁义好比是曲卷柳条的力量，人遵仁守义，就像是外力作用下柳条被曲卷成一定的形状。

孟子反诘道：你是顺着柳条的本性来曲卷它呢还是戕害本性来做这件事情呢？如果是后者的话，那么难道只有戕害人的本性才能使人做到遵仁守义吗？（《孟子 · 告子上》下文凡引《孟子》，不再标注书名）

双方辩论的焦点是人性善。孟子主张人性本善。告子否认这一点，认为善是后天的，是社会施加于人的，就像把柔软的柳条编织成一只筐子。这个说法挺现代，看上去很合理，然而还是被孟子抓住了破绽。他的诘问非常巧妙，凡物都有自己的性质，人也一样，他就从这里人手，问你：的编织是顺性而为还是逆性而动？

告子输定了，因为根本无法回答。说顺性吧，等于承认人性本善，那还辩论个什么劲儿；说逆性吧，等于把人性置于善的对立面上，这话可不敢轻易出口。作为论敌，告子应该选择后者，所以孟子随即发出第二问，这岂不是说唯有戕害人的本性才能使人为善吗？意思是，闹了半天世上那些善良的人原来都是在跟自己的本性较劲儿，是逆天性而动。

孟子

孟子的诘难很厉害，一下子就把告子打进异端。朱熹为《孟子》做注，把这层话挑明了："告子言人性本无仁义，必待矫揉而后成，如荀子性恶之说也。"（《孟子集注》卷十一）认定告子的论调与荀子的人性恶观点同属一路。就是说，人性本恶，至于善，那是后天的加工制作。这还了得？难怪孟夫子要发脾气了，说了题头语录那句话，不管你的主观动机是什么，你的这套言论在客观效果上就是鼓惑人们背弃良善。这帽子可够大的。

不光孟子，他的弟子公都子也遇到同样的挑战。发难的是一个叫孟季子的人，手法仍旧是把善与人性分开。问：你说仁义是出自本性而不是外在于人的，好，我来问你，面前有两个人，一个是你哥哥，一个比你哥哥年长，两个人你更尊敬谁？按照儒家爱亲是天性的观念自然是亲人优先，公都子老老实实地答：哥哥。见对方入了套，孟季子微笑着问：好，那么斟酒的时候，谁先谁后呢？回答是应该先给年长的人斟酒。孟季子说，既然如此，不恰恰证明仁义是外在的吗？因为你使你的天性遵从社会惯例。公都子傻了眼，跑回去问老师。

一番耳提面命后，公都子找到孟季子，问：你冬天是喝热汤还是喝凉水？孟季子差点笑出声：我又不傻，当然喝热汤。又问夏天呢？回答喝凉水。这回该轮到公都子得意了，说：冬天喝热汤夏天喝凉水，正好跟外在的天气相反，这不恰恰证明事情是由内在决定的吗？（《告子上》）话说到这个份儿上已经是斗嘴了。

以儒家人性观衡量，性恶说是第一个误区。

议题 2

二元论与一元论

第二场辩论。

仍旧是打比方，上回是柳条，这回换成水。

正方的陈述是：人性就像是湍急的流水，东边有缺口就往东边去，西边有缺口就朝西边去，没有一定走向。正如水流没有不变的方向，人性无所谓善还是不善。告子的比喻很到位，着眼的仍是可塑性，水比柳条更柔软，没有定势也没有定形，流到哪儿算哪儿，流到什么里面就是什么形状，完全随机。至于观点，朱熹的评论是:“告子因前说而小变之,近于杨子善恶混之说。”(《孟子集注》卷十一）告子做了不大不小的调整，采用杨朱的善恶混合说。

不错，孟子答道：水是向东流还是向西流的确不一定，可是难道从高处向低处流也不一定吗？告子愣了，这一层他还真没想到。孟子接着说：水一定要向下流动，没有不向下流的水，这就是它固有的本性。人性也一样，也有固有的本性，这就是善。

既然人性是善的，可为什么还有人做坏事？告子问了一个人人都会提出的问题，潜台词是做好事证明人性善的一面，做坏事证明人性恶的一面。

孟子答：确实有人做坏事，但这不能说明人的本性是恶。好比你拍打水面，激起的水花可以高过头顶；在河中筑堤，水可以上山，但这不是水流的本性，是外部力量改变了它，人做坏事也是这样，是环境形势造成的。（《告子上》）

又轮到公都子了。不过这次没人诘难他，是他自己不明白。他向老师提出两个疑惑，一个是：一种说法认为人性既是善的同时又是恶的，所以周文王、周武王当政的时候，民众就善良；而到了他们的子孙周幽王、周厉王当政，民众就变得暴虐了。他是想说，在同一个人身上，善恶并存：遇到好的当政者，人性善的一面便发扬光大；遇到坏的当政者，人性恶的一面便膨胀暴露。另一疑惑是：一种说法认为，有的人本性是善的，有的人本性是恶的，正如舜与象这一对亲兄弟，舜是善的代表，象是恶的代表；也正如瞽瞍与舜这一对父子，瞽瞍昏庸不慈，而舜则贤明孝敬；也正如尧与象这一对君臣，尧是圣王，而象则是刁民；还如商纣王、微子、比干，

商纣王

商纣王作为弟弟和侄儿是出了名的暴君，而哥哥微子、叔叔比干则是大忠臣。他要说的是，在不同的人那里，有的性善有的性恶。公都子的疑惑集中反映了善恶二元论。

公都子问老师：用您的人性善观点怎么解释这些事实呢？

孟子这样回答："乃若其情，则可以为善矣，乃所谓善也。若夫为不善，非才之罪也。"（《告子上》）这里的情指的是人性的趋向。是说，就人性的自然趋势而言，是向着善的；至于说有些人不走正路，不能归罪于天资。

以儒家人性观衡量，善恶混合说是第二个误区。

议题 3

动物性与人性

第三场辩论。

这回告子不打比方了，采用命题抽象法。

他上来就说：“生之谓性。”与生俱来的就是本性。

孟子却反其道而行之，从抽象到具体，用上了比方。问：既然如此，是否可以说，天然的白都是一样的？是的，告子答。孟子追问道：白羽毛的白如同白雪的白，白雪的白如同白玉的白，是吗？回答是当然如此。

孟子点点头，话锋一转：能具体说说人的本性是什么吗？

“食色，性也。”告子言之凿凿。饮食、性欲之类的本能就是人的本性。

孟子顿了顿，望着对方道：照这么说，岂不等于讲，狗的本性如同牛的本性，而牛的本性如同人的本性吗？（《告子上》）

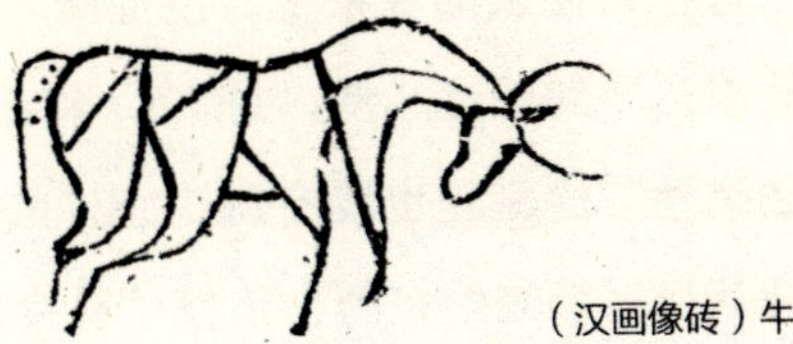

（汉画像砖）牛

告子被绕进去了。孟子的辩论技巧高超固然是一个原因，更重要的是告子的命题有漏洞。相信他确实无意于把人性混同于动物性，但结论却一定如此，躲不掉的。

以儒家人性观衡量，人性动物说是第三个误区。

那么告子错在了哪儿?

孟子说:“口之于味也，目之于色也，耳之于声也，鼻之于臭也，四肢之于安佚也，性也，有命焉，君子不谓性也。”（《尽心下》）大意是，口舌追求好吃的，眼睛追求好看的，耳朵追求好听的，鼻子追求好闻的，四肢追求舒适的，都属于与生俱来。然而这些追求有命管着，因此君子不把它们看成本性。这是说，人的感官享受能否实现，要看命运的安排，就像牛羊能否吃上青草要取决于雨水一样。既然人无法做主，那么感官追求就属于另一个领域的问题。用现代哲学语言说，感官追求为人与动物所共有，是人身上的自然部分，受必然性制约，而人性的部分则不同，应该是自主的、自由的。告子看不到这一点，强调“食色，性也”，从人与动物的共性出发，当然无法得出正确的结论。

这里还有认识上的根源。朱熹指出：告子谈人性，林林总总，具体说法虽然不同，但始终有一个特点，即就“知觉运动”者而言（《孟子集注》卷十一）。所谓知觉，指的是感性认识。我们都知道，感性认识的对象是现象。在朱熹看来，告子对人性的认识，一直停留在表面现象上，没能深入本质层，所以他谈来谈去，怎么也达不到理性高度。以柳条、水来比附人性就不必说了，即使“生之谓性”的命题也没有跳出感性的窠臼，因为其中的“生”表达的就是可感知的东西，诸如“甘食悦色”之类。

朱熹还通过自己的哲学思想来剖析告子的认识失误。他从人与宇宙的同构论出发，认为人的构成有两个来源，一为天之理，一为天之气。天之理为形而上，构成人性，诸如仁义礼智各原则，只有理性认识才能把握。天之气为形而下，构成形体官能，诸如口鼻耳目及其追求之类，感性认识即可知觉。在知觉现象上，人与牛没有区别，一样地要吃、要喝、要异性，唯有进入理性层面，才能抓住人的本性，也就是人得以与动物区分出来的独一无二的性质——譬如人具备仁义礼智，而动物则没有。告子先生由于始终在“知觉”中徘徊，将人性与动物性混为一谈也就难以避免了。（《孟子集注》卷十一）

（二）

人性善

语录

原文——

仁义礼智，非由外铄我也，我固有之也。（《告子上》）

译文——

仁义礼智不是外界灌输于我的，是我本来就有的。

议题 1
人性的界定

从孟子的论述以及朱熹的注释来看，人性必须具备以下四个要件。

第一，先天性。

人性与生俱来，正如题头语录所言“我固有之也”。孟子师生与告子等人辩论的一个焦点是内在与外在。告子等人否定仁义是人所固有的，告子那个柳条在外力作用下编织成形的比喻，孟季子那个先给年长者斟酒的例证，都是为了说明仁义外在于人，为人后天所得。而孟子师生的反驳，则是捍卫仁义对于人的内在性。为什么内与外成为辩论的焦点？因为内在意味着先天性，一旦仁义被证明不是与生俱来的，人性善就不能成立，所以告子等人一定要挖掉这个墙脚。

双方尽管在人性是什么这一点上观点不一样，但都认为人性是先天的。人性的先天性是人们的共识，不只在孟子与告子这里如此，在其他人那里也一样。这也从一个侧面说明，只有具备先天性，才成其为人性。这就是说，只要是天赋的，都可以划入人性范围。就此而言，告子“食色，性也”的主张没有错。孟子也承认食色属于人性，就是上节引文中说的“口之于味也，目之于

色也……性也”。不仅食色属于人性，形体、相貌亦属于人性，孟子说：“形色，天性也。”（《尽心上》）

那么为什么又说告子错了呢？我们往下看。

第二，全面性。

对于“口之于味也，目之于色也，耳之于声也，鼻之于臭也，四肢之于安佚也，性也”这段话，朱熹做注，引程颐程颢兄弟的话说：“五者之欲，性也。然有分。”（《孟子集注》卷十四）分，可以解释为部分。程氏肯定口舌、眼目、耳朵、鼻子、四肢的官能追求属于人性，然而同时又指出，它们仅仅具有部分意义，只是个别感官的个别欲望，不能涵盖人的整体，人既不能归结为食欲也不能归结为性欲，远比这要复杂得多。这就告诉我们，单一的特性不能代表人性，只有具备全面性，才成其为人性。

朱熹

食色属于人性，但又不是人性。为了把这个意思表达得通俗一些，不妨把人性分为天性和本性。凡是与生俱来的都归属于天性，只有人所独具的才是本性。前者相当于人的构成，包括食欲、性欲、形体、相貌等，后者相当于人的本质，在孟子那里就是善及其诸如仁义等准则的具体表现。

第三，自主性。

在上面引文之后，孟子紧接着说："仁之于父子也，义之于君臣也，礼之于宾主也，智之于贤者也，圣人之于天道也，命也，有性焉，君子不谓命也。"（《尽心下》）意思是，父子之间体现仁，君臣之间体现义，宾主之间体现礼，贤人运用智，圣人实施天道，都属于命定，但其中又贯彻着人的本性，因此君子不把它们视为命定。

对于这段话，朱熹引程氏言这样解释："仁义礼智天道，在人则赋于命者，所禀有厚薄清浊，然而性善可学而尽，故不谓之命也。"（《孟子集注》卷十四）是说，对于仁义礼智天道，人们必须无条件地给予遵循，这是命中注定的事儿，没什么可讲的。尽管每个人的具体表现不一样，有人做得好，有人做得不好，但都可以尽力往好了做。这里的空间极大，做得好的，可以加把劲儿更上一层楼；做得不好的，可以退回去重新做一遍。总之，怎么做、做成什么样，完全凭你自己，没有任何限制，所以不把遵循仁义礼智简单地叫作命定。

跟着仁义礼智走与跟着感官走截然不同。不错，二者都是天性，然而欲望是你的，欲望的对象可不是你的，千钟粟、黄金屋、颜如玉能否追到手，不完全取决于你的努力，还要看机缘如何；而仁义礼智则不存在这个问题，只要你去做，就能发扬光大，全由自己做主。只有可以自由支配的东西才完全是属人的，所以本性必须具有自主性。

第四，自然性。

孟子说：人们关于人性的见解来自他所观察到的事实，而事实则是对象自然运行表现出来的现象。这里有两种认识方法，一种是按照对象自然运行的轨迹去观察，就像大禹治水那样顺势而为；另一种是卖弄聪明，不顾对象自身的发展，穿凿附会，另立一套。（《离娄下》）朱熹的解释是：无论是人还是物，都有其固有的“自然之势”“如人之善、水之下，非有所矫揉造作而然者也”（《孟子集注》卷八）。这是拿孟子与告子的辩论说事，孟子总结的水往低处流，人往善里走就是自然之势；而告子则相反，他是违背常情的矫揉造作。朱熹认为，正是这种自然之势表达本性。人性是自然而然的。

以上四个条件，告子“食色，性也”的主张只符合第一条，违背后三条，所以不能成立。相反，孟子的性善主张则符合所有四条。善，或者说仁义礼智是人所固有的，具有先天性；善不只存在于人的意识中，也作用于感官欲望，告诉自己什么可以做、什么不可以做，具有全面性；善推动人不断提高个人素养，具有自主性；善是人的顺势而为，具有自然性；所以善是人的本性。为此“孟子道性善，言必称尧舜”（《滕文公上》）。

议题 2

人性的证明

界定人性的四个条件中，先天性是前提。这个前提可靠吗？必须给予证明。

孟子的证明从怜悯心开始。他举例说，有个小孩子在井台上玩，突然险情发生，小孩子向井口滑落，看到的人没有不惊骇的。人们为什么惊骇？是为了跟小孩子的父母攀交情吗？不是。是为了博取好名声吗？也不是。是因为害怕听到小孩子的哭声吗？还不是。那么是因为什么呢？很简单，是出于“不忍人之心”。不忍人，不忍心看别人遭罪受苦，也就是同情心、怜悯心，也叫“恻隐之心”。这个例子说明，“人皆有不忍人之心”。（《公孙丑上》）

孟子引出恻隐之心后，又旁触其他，牵出羞恶之心、恭敬（辞让）之心、是非之心，说：“恻隐之心，人皆有之；羞恶之心，人皆有之；恭敬之心，人皆有之；是非之心，人皆有之。”（《告子上》）这里的心是表现出来的感情，具有指示意义：“恻隐之心，仁之端也；羞恶之心，义之端也；辞让之心，礼之端也；是非之心，智之端也。”（《公孙丑上》）端，头绪。顺藤摸瓜，就是仁、义、礼、智，同情感、羞耻感、恭敬感、是非感分别是它们的自然流露。

这里的“皆有”与“固有”是可以互换的，说人人都有意味着人所固有。所以孟子在讲到人都具备恻隐等四心之后，紧接着讲了本节题头引用的那句话，“仁义礼智，非由外铄我也，我固有之也”（《告子上》）。

然而这毕竟有些简单武断，为此孟子又从本能角度做出说明。

他的例子仍旧是小孩子，说你看看儿童，小小年纪就知道亲爱父母，等稍大一点，就知道尊敬兄长。亲爱父母是什么？是仁；尊敬兄长是什么？是义。没人教他，也没法教，因为他太小；他也不过心，因为他根本不懂事。这说明了什么？“人之所不学而能者，其良能也；所不虑而知者，其良知也。”（《尽心上》）不学就会的是良能，不想就懂的是良知。这说明仁义是人的本能。本能就是先天，所以说善与生俱来。

仁义礼智是道德准则，但在这里分量要大得多，具有本体论意义，起着决定人的存在的作用。就是说，一个人是否具备做人的资格，就看他在仁义礼智上是否合格。“无恻隐之心，非人也；无羞恶之心，非人也；无辞让之心，非人也；无是非之心，非人也。”（《公孙丑上》）没有同情心的不能算是人，没有羞耻心的不能算是人，没有恭敬心的不能算是人，没有是非心的不能算是人。

是人，就一定性善。

议题 3
人的共性

上面孟子的话还包含这样一层意思，即善作为人的本性在所有人那里都是一样的，或许有量的差异，但绝无质的区别。君子与小人，圣人与盗贼，概莫能外。

孟子拿种麦举例，说往田里撒下麦种，收获的一定是麦子。他还谈到做鞋，说鞋匠虽然不知道顾客脚的尺码，但做出的鞋子基本靠谱，绝不会把它做成筐子那么大，因为人脚都差不多。还有烧菜。春秋时期齐国有位易牙，是烹饪高手，烧出的菜人人都爱吃，因为他掌握了人的口味特点，人们对味道的要求大致相仿，比人与狗、马的差距要小得多。还有音乐。春秋时期的师旷，奏出的琴声没人不喜欢听，可见人们的听觉是近似的。还有美。春秋时郑国的美男子都，天下人就没有认为他不好看的，见了子都而不赞叹的一定是盲人。孟子总结道："口之于味也，有同耆焉；耳之于声也，有同听焉；目之于色也，有同美焉。"（《告子上》）口舌之于味道，人所共同；耳朵之于声音，人所共同；眼睛之于形色，人所共同。

那么心性呢？那还用说，也一样是人所共同。"心之所同然者何也？谓理也，义也。”（《告子上》）仁义礼智的道理、原则就是人们的心灵相通之处。所以无论自己做了好事或者看见别人做好事，都令人很快乐。

感觉相同，心灵相通，本性亦如此，“人之初，性本善。性相近，习相远”（《三字经》）。善是人的共性。

隋朝文帝时，一个叫王伽的官员押送犯人李参等70余人前往京师。走到荥阳，王伽见犯人实在辛苦，心生怜悯，便把犯人的枷锁统统卸掉，遣散押解士卒，与李参等人约好到达京师的日期，说：如果你们延误或者逃跑，我只好代你们受死。说罢便离开犯人独自去了。

犯人们十分高兴，也非常感动，全都如期到达京师，一个都不少。隋文帝听到这件事，非常惊讶，召见王伽，接着又召见犯人，命令他们带着妻子儿女一起进宫，在殿堂赐宴并赦免了所有罪犯。

就此文帝下诏说：凡世上之人，都有灵悟的禀性，都懂得善恶，明白是非。如果以至诚之心关怀他们，加以劝导，那么恶俗必定改变，人人都会走上善良的道路。以前由于海内动乱流离，德教废弛淹没，官吏没有慈爱之心，百姓存有奸诈之意。针对这种情况，我打算遵循先圣的办法，用道义来感化子民。王伽非常理解我的用意，诚心诚意地加以宣传教化，而李参等人感化醒悟，自己前往官府报到，这说明四海之内的百姓并不难以教化。要是让官吏都成为王伽一类的人物，庶民都向李参等人学习，那么摈弃刑律的日子也就不远了！（《资治通鉴》卷179）

这不是孤例，这类事历史上并不罕见。南北朝时，王志任东阳（今浙江东阳市）太守，监狱里关押着十几名重犯。冬至大如年，临到这一天，王志放他们回家过节。节后除了一名罪犯外全部按时返回。王志说：责任我来负，管事的官吏不必担心，此人会返还的。果然第二天那个犯人就回到了监狱，迟到的原因是妻子分娩。（《南史·王昙首传》）

这两个故事为善的共性提供了一个注脚。主要是两个方面，一个是同情心，也就是孟子讲的“恻隐之心”，表现在王伽、王志的身上；一个是辨别力，也就是孟子讲的“是非之心”，表现在李参等人身上。

恶人也是人，在道理面前也要低头。元代有一个叫赖禄孙的人，为避乱兵，背着老母躲进南山。贼兵追到山里，赖禄孙挺身挡在母亲身前，说：别伤害我母亲，要杀人就拿我开刀吧！贼兵不忍下手。他的妻子没跑掉，被抢走了。贼兵们一致斥责道：怎么能侮辱孝子的老婆！结果妻子被送了回来。（《元史·樊渊郭狗儿传》）类似的故事数不胜数，任何朝代都有许多。

朱温

即便是大奸大恶之徒，也不完全是一恶到底。唐末的朱全忠（朱温），出了名的心黑手毒。他指使李彦威等人杀死皇帝唐昭宗，消息传来，他假装震惊，号啕大哭，扑倒在地。他先给这些部下降职处分，然后又命令他们自杀。李彦威临死前大声叫道：拿我顶罪，可以蒙骗天下人，难道能够骗过鬼神吗！如此做人，断子绝孙！（《资治通鉴》卷 265）后来朱全忠带兵围困沧州，城里人饿得吃土、吃人肉，而他的粮食却堆积如山。久攻不下，朱全忠退兵，命令将粮草全部焚毁。望着滚滚黑烟，守将递信求他手下留情，朱全忠竟答应了，留下了几堆粮食。靠着这些粮食，沧州百姓活了下来。（《资治通鉴》卷 268）

人皆性本善，人在人性上一律平等。

议题 4

恶

认定人性本善，有一个问题不容回避，就是告子在辩论中提出的，既然人性善，为什么还有人做坏事？这是一个常识性问题，但要说通着实不易。

孟子内外开弓。

外，讲的是环境。

正如种麦，收获的虽然一定是麦子，但产量有所不同，籽粒的饱满度也不一样，这主要是环境造成的，或者是土地肥力的原因，或者是雨水的原因，或者是人力投入的原因。（《告子上》）

齐国都城临淄南边有座叫牛山的山，孟子曾接受齐宣王之邀到齐国当大夫，在临淄住过，便就地取材，拿过来说事：牛山本来是座绿山，草木苍翠，郁郁葱葱。可是由于它位于城郊，总有人拿着斧子去砍树打柴；还有人把牛羊赶到山上，它们不光吃嫩芽树叶，最后连树枝都啃光了，结果山变成了秃山。人们见山上光秃秃的，以为它本来就是那个样子。这难道是牛山的本性吗？显然不是。人也一样。有这么一个人，本来不错，渐渐变了，就像是斧头对待树木，天天砍伐，树不能繁茂那样，善心丢失了。夜里他醒来，想到自己的作为，惊出一身冷汗，善的心思抬头，可到了白天，又把善抛到了一边。这样反反复复地折腾，他在夜里萌发的善越来越少。别人见他那副德行，以为这人原本就是个坏小子。难道这是他的本性吗？显然不是。结论是，牛山之所以变秃，人之所以变坏，原因是他们面对外界的破坏而缺乏养护。（《告子上》）

这个意思孟子对君王也讲过，说：即使是天下生命力最强盛的植物，你猛晒它一天，再冷冻它十天，没有能够长好的。我不能总在大王身边，一旦离开，那些奸佞小人便围上去“冷冻”您，我在您身上启发出来的善又哪里抵挡得住？（《告子上》）

孟子谈环境，并不一味强调外力，同时也讲内因。外界影响再加上自己意志薄弱，放弃对本性的养护，就会走上邪恶的道路。

内，讲的是感官。

在孟子看来，人身上的各个部分并不一样，存在着贵贱之分、大小之别，所谓的“大体”与“小体”。口舌、眼目、耳朵、鼻子、四肢这些感官属于小体，是低贱的。之所以称其为小和贱，是因为它们不会思考，就知道享受，常常遭受蒙蔽。心则不同，具有思考能力，能够分辨是非，所以称“本心”为大体，是高贵的。小体与大体的追求截然不同，小体是跟着外物走，大体是跟着道理走。

人如果管不住自己，一味遵从小体，纵容感官欲望，就可能做坏事，滑向邪恶。

秦朝末年，秦二世对赵高说：人生在世，就像驾着六匹骏马拉的车子从缝隙中飞奔而过那样短暂。作为天下之主，我打算尽情享受，凡是眼睛看到的、耳朵听到的、心里想到的，只要是好东西，都要过过手，体验其中的快乐，直到我享受不动了为止，你看怎样？赵高答：太英明了，要不怎么说您是圣明天子呢，昏聩的君主就想不到这一点。大臣李斯等人建议减轻徭役，二世说：凡是尊贵到能够拥有天下的人，无一不是为所欲为者，舜、禹虽然贵为天子，却以置身于穷苦境地去为百姓献身，值得吗！（《资治通鉴》卷 7、8）

还有一位君主，跟秦二世差不多，他是南北朝时期的北齐武成帝。大臣和士开对武成帝说：自古以来，一个个帝王都成了灰土，尧、舜与桀、纣又有什么两样！陛下应该在少壮时恣意行乐，想干什么就干什么，不要有任何顾忌。快乐一天，顶得上平常一千年。国政交给下面去做，根本用不着担心误事，何必劳累自己！和士开的话正中武成帝下怀，他把军政事务分派给大臣们，自己三四天才上一次朝，批几个字，也不多说话，一扭身便退朝回宫。（《资治通鉴》卷 169）

秦二世、武成帝之流，就是典型的遵从小体的人，也是历史上出了名的坏皇帝。

公都子问老师：同样是人，为什么有人成了君子，有人成了小人？孟子答："从其大体为大人，从其小体为小人。"（《告子上》）很简单，遵从自己"大体"（本心）的人是大人，遵从自己"小体"（感官）的人是小人。

朱熹的注释这样写："人之为不善，乃物欲陷溺而然。"（《孟子集注》卷十一）人做坏事，是因为陷入物欲而沉溺其中。

被自己的物欲牵着走是恶的内因。

这样看，恶有两个来源，在外是环境，在内是物欲。

议题 5

人兽之辨

说过大人与小人，我们接着说人与禽兽。这两组划分其实是交叠的。

我们先看一个故事。东汉名臣刘宽，为人厚道，喜欢喝酒。巧的是他的老仆也爱喝酒，每逢被派去打酒，必定先痛饮一番，一喝就控制不住，不喝得大醉不回家。一次来了客人，刘宽打发老仆去买酒，客人等得不耐烦了，那位老兄才跌跌撞撞地回来，客人还没喝，仆人先醉倒了。客人大怒，指着老仆的鼻子骂他“畜生”。过了一会儿，刘宽叫人去查看老仆动静，生怕他自杀。客人不解，刘宽说：明明是人，却被骂为畜生，还有什么侮辱比这更厉害的呢？所以我担心他寻死。可见人兽之别是个大问题。

孟子说：“人之所以异于禽兽者几希，庶民去之，君子存之。”（《离娄下》）人与禽兽的差异其实就那么一点点，一般人不在意这一点点差异，而君子却十分执着。

这一点点差异是什么？表现在“大体”和“小体”上就是服从哪一个。服从大体，就要尊崇本心的主导地位，彰显同情心、羞耻心、恭敬心、是非心，反之则是尊崇感官需要，以物质利益为转移。

孟子讲过这样一件事：孔子有一对父子学生，父亲叫曾皙，儿子叫曾参。曾皙老了，曾参主持家业，每顿饭都给父亲准备酒和肉。父亲吃过后，曾参一定要请示，剩下的饭菜给谁；要是父亲问这些东西家里是否还有，曾参为了让他放心享用，并且能够支配食物，一定说有。曾参的儿子叫曾元，曾参老了，曾元主持家业，每顿饭一样有酒有肉。然而在曾参用过饭将要撤下时，曾元根本不请示剩下的饭菜给谁；如果曾参问这东西还有没有，曾元就说没有了，他之所以这样回答，是为了节省开支，把剩菜留在下顿再给父亲吃。对此孟子这样评论：曾元奉养的是父亲的嘴巴和躯体，而曾参奉养的则是父亲的意志。（《离娄上》）

曾参

这有什么区别吗？有原则区别。孔子说："今之孝者，是谓能养。至于犬马，皆能有养。不敬，何以别乎？"（《论语·为政》）如今所谓的孝，说的是能够赡养父母。然而像狗和马之类，也能够为人服务。要是缺少了尊敬，不是把人降低到畜类的水平上了吗？孔子的意思很清楚，仅仅是赡养父母，即便是像马那样卖力气，像狗那样忠诚，也算不上孝。为什么？因为在这方面人比不过牲畜。

孔子之所以把单纯的赡养划在动物范畴内，是因为这种行为纯粹属于物质层面，表现为衣食供养，付出的是力气，缺少精神的沟通和文化制度的内容，所以跟狗和马提供的服务没有根本区别。只有在赡养的同时再加上“敬”——对父母人格的尊敬，并且通过一系列礼来表达这种尊敬，或者说把尊敬贯彻到赡养行为中，才配称得上孝。

曾元的做法就属于动物性服务，他看重的是作为饭菜的物质，奉养的也是口舌之类的物质性器官。曾参就不同了，不仅奉养父亲的身体，同时更尊敬父亲的意志，所以他的做法才是人性化服务。从“大体”和“小体”的角度说，曾参是从恭敬心出发，曾元则缺乏恭敬心。

恭敬心不是小事。孟子说：“杨氏为我，是无君也；墨氏兼爱，是无父也。无父无君，是禽兽也。”（《滕文公下》）杨朱主张一切为了自己，目无尊长；墨翟主张抹杀爱的差别，心无父母：这都是把人降低到禽兽。恭敬心是做人的底线，把恭敬心抛到一边的人只配与动物为伍。以此类推，缺乏同情心、羞耻心、是非心也是一样的。

（三）

与人为善

语录

原文——

君子莫大乎与人为善。（《公孙丑上》）

译文——

君子的最基本德行是善待他人。

议题 1

善意

下面这个教训足以让人记取一辈子。

有个人被盗贼诬陷为同伙，一起绑缚刑场。临刑前，这人扭头对盗贼说：你我马上就要离开人世了，死前我想问一句，我根本不是你们一伙的，甚至从来不认识你，你干吗非咬住我不放？盗贼望着远处的天空，说：那天我饿极了，想拿东西换口吃的，可家里除了一口缸什么都没有。我把缸搬到街上，有个人想买下。你正好路过，看了看我的缸，说值不了那些钱，结果买缸的人走了。那人依稀想起，好像有这么回事。又听盗贼说：没法子，我只好把缸搬回去，躺下来等死。这时强盗头子来了，拿几升米引诱我。我告诫自己不能要，但饿得扛不过，就收下了，跟他做了强盗，从此走上绝路。盗贼看了眼刽子手的刀，转过脸对那人恨恨地说：我做强盗是因你而起，被砍头也是因你而起，怎么能我死了而让你独自活着呢？那人连连摇头，悔恨不已，一句多余的话要了两条命。他向盗贼道了声歉，引颈受刑。（朱元弼：《犹及编》）

孟子说："言人之不善，当如后患何？"（《离娄下》）说人家的坏话，拿什么去对付招来的恶果呢？上面的故事是这句话的生动注脚。

所以儒家主张怀抱善意。

这方面孔子非常注意，他是“见善如不及，见不善如探汤”(《论语·季氏》)。汤，开水。遇上可以行善的机会，立马上前，就像唯恐错过机会；遇上可能伤害人的时候，赶紧止步，就像伸手碰到沸腾的水。孔子说：“君子成人之美。”（《论语·颜渊》）君子帮助他人成就美好。

按照礼制规定，父母死后 11 个月要举行一次祭祀，叫作练祭；27 个月还要举行一次祭祀，叫作禫（dàn）祭，这时候孝子才能够回到原来的床铺就寝。鲁国的一个大夫没有这样做，子路问老师：这位大夫在练祭之后立即回到原来的床铺睡觉，符合礼吗？孔子眼睛望着别处说：我不知道。子路到屋外见到子贡，说原来夫子也有不知道的事情。子贡觉得其中必有原因，便进屋去问孔子：练祭之后回到原来的床铺就寝，符合礼吗？孔子答：不符合礼。子贡找到子路，说夫子的确无所不知。子路很是奇怪。子贡告诉子路，你的提问有毛病，应该对事不对人，你指名道姓，让人怎么回答？所以夫子回避你的问题。（《孔子集语·卷九·论人》）

事情不大，但反映了孔子与人为善的态度。不在背后非议人，特别是长者。这位大夫是要管理当地百姓的，应该维护他的威信，况且他不是有意破坏规矩，而是弄不清丧礼细节。

五代时有位周世宗柴荣。南唐臣服后，派钟谟到后周进贡。世宗问钟谟：江南也在操练军队，修整防备吗？钟谟答：既然已经臣事上国，不敢再做这些了。世宗说：不对。昔日是仇敌，今

柴荣

日成一家，我朝与你们国家的主从关系已经确定，我敢担保没有变故。然而世情难以预料，后继者的事情不可知晓。回去对你家君主说，可以趁着我在的时候，完善城郭，修缮铠甲武器，布置要塞，要为子孙后代着想。钟谟返回后，转述了世宗的话。南唐君主全部照做，加固京师城墙，同时修整各州城墙，增加防守兵力。

司马光对周世宗的言行大加赞赏，认为他已经接近《尚书》对君主的要求。的确，考虑到他的特殊地位，做人做到这个份儿上、如此善意，世间少见，可以说是臻于完美了。

与人为善是要牢记在心的，需要不断提醒自己，因为人们常常在无意中伤害别人。

议题 2

善的践行

对于发扬善言善行，孟子的说法是：“闻一善言，见一善行，若决江河，沛然莫之能御也。”（《尽心上》）这讲的是舜，说他听到一句善良的话，见到一个善良的行为，立刻身体力行，像破堤的江河奔涌，气势充沛得没有什么能够阻挡住。

实现善可以从以下几个方面进行。

一个是对事，做好事不做坏事。

三国时，蜀汉昭烈帝刘备病重，给儿子们留下的话是：“勿以恶小而为之，勿以善小而不为。”（《资治通鉴》卷 70）不要因为坏事很小就去做，也不要因为好事很小就不去做。刘备是一位具有民本意识的君主。那时他还没有登基称帝，暂居荆州，曹操统帅大军打过来，刘备撤离，跟随他躲避兵灾的民众有十几万，还有辎重车几千辆，每天只能走十多里地。有人劝他应当火速行动，否则一旦曹军追到，根本无法抵挡。刘备说：成就大业的人，一定把人作为根本（“夫济大事必以人为本”）。如今百姓追随，我怎么忍心抛弃他们而去？“人之将死，其言也善”（《论语 · 泰伯》），刘备叮嘱儿子的话是临终遗言，字字都真。

一个是对人，彰显他的成绩而不放大他的过错。

春秋时期的一个严冬，齐国君主建造高台，民工苦不堪言，饥寒交迫，大家都伸长了脖子盼着晏婴回来，因为只有他才有办法劝阻国君。不想晏子回来后，跑到工地上用棍子抽打怠工的人，骂道：告诉你们，我就是小人！你们都有房子住，有遮雨蔽日的地方，国君不过建造一座高台，你们就这也不是那也不是，什么东西！大家失望极了，说他助纣为虐。然而人们却不知道，晏婴已经见过了国君，还泪流满面地唱了一首自己编的歌曲：冰雪如水浇我身，苦苦忍受无法挡！上天如此摧残我，苦苦忍受无法挡！国君被感动了，当晏婴离开工地还没到家的时候，停工的命令就到达了。

（明刻）刘备

孔子听到这件事，长叹一声说：古代那些善于做臣子的人，如果有好名声，就加在君主头上；如果有灾祸，就揽到自己身上。走进朝堂，竭力劝谏君主的过错；走出朝堂，高声颂扬君主的恩德。他们侍奉的即使是平庸的君主，也能使

国家得到治理，而自己却从不显耀功劳。今天能够做到这一点的，恐怕只有晏子了！（《孔子集语 · 卷八 · 交道》）

一个是对欲望，引导向善而抑制向恶。

晋国大夫叔向见到执政大夫韩起正在为钱发愁。叔向赶紧表示祝贺。韩起皱眉道：有什么好祝贺的？我空有执政之名，连跟其他掌权大夫交往的钱财都没有，都快愁死我了，你还祝贺，什么意思？叔向说：从前栾书担任执政大夫，他的田产不足 100 顷，还不到卿大夫爵位应有田产的五分之一，家里连祭器都不齐备。但他品德高尚，遵守法度，名声传遍诸侯，因此在他杀了国君晋厉公后，也没有受到国人的责难。他的儿子栾黡（yǎn）正好翻了个个儿，目无法纪，贪婪放纵，竟然放高利贷敛财，多亏父亲留下的余德，他才得以善终。到了栾黡的儿子栾盈，就没有那么好的运气了。栾盈虽然有他祖父栾书的遗风，但因为受到父亲栾黡恶行的连累，被迫逃亡楚国。如今您有栾书的清贫，我认为您也具有他的美德，所以向您表示祝贺。假如您追求的不是德行而是钱财，我恐怕吊唁还来不及呢，哪里会向您祝贺？

韩起听罢，立即对叔向下拜，叩头说：我韩起差点灭亡，多亏您的及时教导保护了我。不光我韩起，就是我韩氏先祖也要感激您的恩德呢。（《国语 · 晋语八》）

议题3
善有善报

听说鲁国打算请乐正子前去主持国政，孟子高兴得睡不着觉。学生公孙丑询问其中原因。孟子告诉他乐正子这个人喜欢听取善言。凭这就能治理好国家？公孙丑大为怀疑。孟子说：主政的人喜欢听取善言，各地的人就会不远千里而来回报以善言，有了那么多好建议，别说区区鲁国了，就是天下也能治理好。(《告子下》)

类似的话不少。譬如，“爱人者，人恒爱之；敬人者，人恒敬之”（《离娄下》）。给别人爱的人，别人一定以爱回报他；给别人尊敬的人，别人一定以尊敬回报他。

孔子也这样看。鲁国执政大夫季康子问孔子，怎样才能获得民众的忠诚。孔子答：“孝慈，则忠。”（《论语·为政》）正如父慈子孝一样，以仁爱待人，人们就会报以忠诚。

我们说两个人。

一位是春秋时期晋国执政大夫赵盾（赵宣子）。一次出门，看见路边桑树下躺着一个快饿死的人，便拿出食物收拾干净了喂给他吃，然后问他怎么回事。那人说回家路上断了粮，张不开嘴跟人要吃的，也伸不出手去偷东西，结果饿倒了。赵盾又拿出两条肉干给他，这人行礼接受了，但没有吃。赵盾问他为什么不吃，他说给老母亲带回去。赵盾让他把肉吃了，又送他两捆干肉和100枚钱，然后登车离去。

国君晋灵公无道，残害无辜，赵盾屡劝无效，引起晋灵公嫉恨——密谋除掉赵盾。他请赵盾喝酒，事先在房中埋伏好武士。赵盾感觉情况不对，酒喝到一半就出了屋子。灵公命令武士追上去杀死他。一个武士跑得特别快，追上赵盾，让他上车逃跑，自己断后。赵盾问他名字，那人说他就是当年桑树下快要饿死的人。然后返身与追兵拼杀，寡不敌众，力尽而死。赵盾得以逃脱。

（汉画像砖）晋灵公放狗咬赵盾

记述这件事的《吕氏春秋》说：这就是《尚书》上讲的“恩德再微薄也不能说是小”的意思。赵盾对一个人实施恩德，尚且能够换来以命相报，更何况是对千万百姓实施恩德呢！（《吕氏春秋·报更》）

另一位叫子羔，孔子的学生。子羔在卫国担任管理刑狱的官员，曾经判处一个犯人刖（yuè）刑，砍掉了他的脚。后来卫国发生动乱，有人来捉拿子羔，子羔慌慌张张逃往城外。但已然晚了，城门紧闭，根本出不去;更糟糕的是，看守城门的人竟然是被他砍掉了脚的那个犯人。不想犯人却给他指路，告诉他城墙上有一个缺口，子羔说君子不翻墙。犯人又告诉他城墙下面有一个洞，子羔说君子不钻洞。犯人没辙了，想起了地下室，说城墙下面有个地室，子羔跟着犯人藏进地下室，躲过了追捕他的人。

子羔离去时，问犯人：我下令砍掉了你的脚，因为我不能违反国家法令。现在我倒了霉，正是你报仇的大好机会，你却帮我逃命，我很想知道这是为什么？犯人说：我被砍断脚是罪有应得，但您定我罪的时候，翻过来、倒过去地对比法令，想从中找到某项条文，使我能够免除刖刑。等到罪行判定，直到行刑前，您一直闷闷不乐，心情沉重。您跟我有私交吗？一点也没有。之所以如此，是因为您天生就有一颗仁者之心，这就是我敬佩您的原因。

孔子听到了这件事说：善于做官的人树立的是德行，不善于做官的人结下的是怨恨。人应该出于公心来办事，这说的大约就是子羔吧！（《孔子集语 · 卷十 · 论政》）

善人善报，这是一条铁律。

当然也有目的不纯的，把行善当投资。战国时期有个张仪，跟苏秦是同学，后来苏秦发迹，主持六国合纵抗击秦国的大业，而张仪却十分落魄。苏秦利用激将法，逼得张仪前往秦国谋出路，却暗中使劲儿，花大本钱为他铺路，使张仪得到秦国重用。张仪得知实情后，对苏秦感激不尽，发誓今后一定给予配合。苏秦这一套纯属纵横家谋术，境界很低，根本无法跟赵盾、子羔相比拟。其实我们大可宽容些，他的做法尽管很自私——如果调个个儿，张仪也会这么做——但总比落井下石好。

（四）

性善的地位及其对人路的意义

语录

原文——

先立乎其大者，则其小者弗能夺也。此为大人而已矣。（《告子上》）

译文——

首先把本心这一人身重要部分树立起来，其他次要部分就不会把人推向迷途。这是做人格高尚的人的保证。

议题 1

性善的地位

程颢程颐兄弟说："孟子有大功于世，以其言性善也。"（朱熹：《四书章句集注·孟子序说》）主张人性善，是孟子对人世的一大贡献。

这个贡献是空前的。孔子没有明确提出人性善，关于人性，他最多讲到"性相近也，习相远也"（《论语·阳货》）。本性上人与人相近，习惯上人与人就有不小差别了。所以程氏兄弟说："孟子性善、养气之论，皆前圣所未发。"（《四书章句集注·孟子序说》）对程氏兄弟的评语，朱熹举双手赞成："孟子之言性善……则七篇之中，无非此理。其所以扩前圣之未发，而有功于圣人之门，程子之言信矣。"（《孟子集注》卷五）七篇指《孟子》全文，意思是通篇都贯穿着性善思想。

但孟子的性善说又的的确确来自孔子，那位儒家开创者虽然没有直接说出性善这两个字，但我们从他的言论中处处可以读出性善。譬如，孔子主张治国理政走德治道路，推行教化的为政方式，如果多问一句其根据是什么，就可以发现人性善的潜台词。再如，孔子大力倡导仁爱，要求泛爱众，也是以人性善为前提，正因为每个人在本质上都是好的，尽管小人长戚戚，我们仍旧应该爱这个世界及世上人。所以孟子的功绩不是创造人性善，而是明确人性善，并把它置于儒家学说的理论基础地位。

主张人性善是儒家思想的一大特征。道家不这么看，认为人性是自然之性，即“无”。佛家也不这么看，认为人性是佛性，即“空”。法家更不这么看，认为人性是自私自利，即“恶”。要知道人性善对儒家理论有多重要，看看宋儒对荀子的态度就够了。那位战国末期大儒提出“人之性恶，其善者伪也”（《荀子·性恶》）。意思是，人性原本是恶，善的表现是后来教育的结果。程氏兄弟说：“荀子极偏驳，只一句性恶，大本已失。”性善是儒家的思想底线，这个底线不能碰，荀子尝试了一下，便被认为理论上丧失大节。

然而人性善并不容易说通，最大的困难是如何解释人身上表现出来的恶，这同样难倒西方哲学。基督教认为，人是上帝的创造物，当人在孕育的那一刻，上帝也就创造了一个灵魂，注入刚刚产生的身体中。上帝是最高的善，所以人在本性上也是善的。那么怎么解释恶呢？难道恶也是上帝赋予的吗？如果是的话，最高的善怎么可能创造恶？如果不是的话，那就要为恶寻找一个源头，这意味着还存在着一个邪神，岂不等于承认还有另一个造物主从而否定上帝的唯一性？被教皇册封为“圣徒”、被誉为“圣师”的托马斯·阿奎那破解了这一难题，他的方法是把恶解释为善的缺失和冲突。

譬如一个失明的人，他无疑具有人的本质，但却失去了人本来就有的视觉能力，善缺失了，这是大不幸，所以失明是一种

托马斯·阿奎那

恶。再如，两国交战，双方的士兵在战场上相遇，他们为自己的国家而战，要保住自己就必须与敌人拼杀，就此而言双方都是善的，但却造成了恶的结果：杀人和被杀。在这里，恶表现为善的冲突。将恶归结为善的缺失和冲突，可以说是托马斯·阿奎那以上帝的名义对人的肯定以及对人的信念的表达，其中充满了积极进取的精神和乐观豁达的态度，与其后文艺复兴运动对人性的高扬如出一辙。

儒家不信神，坚持以人为本，所以必须从人身上找原因。孟子的方法是把人分为大体（本性、本心）和小体（感官、欲望），大体代表善，小体倾向恶。后世的儒者基本遵循这个路径。譬如西汉大儒董仲舒，把人性分为性和情两个部分，性代表仁义，是善；情代表贪婪，是恶。性内在于人，与上天的阳相对应；情是人的外在表现，与阴相对应。阳为主，阴为副，所以善起着主导作用，恶处于从属地位。再如南宋大儒朱熹，认为人由“理”和“气”共同构成，理是形而上，是精神；气是形而下，是物质。

相应地，人性也就分成两个部分，即“天地之性”和“气质之性”，前者来自于理，表现为仁、义、礼、智一系列根本道理，是善；后者来自于理气混杂，表现为欲望，可善可不善，为生存所必须的欲望是善，而放纵的欲望则是恶。在人性的这两个部分中，天地之性是本，气质之性是末。可以说在儒家那里，人是以善为主导的善恶二重结构的矛盾体。

对人性的这一认识构成了儒家思想体系的理论基石，其他观念与主张无一不是从这一基点生长起来的，或者说是性善观在各个领域的具体运用。比如民本，为什么要把民众放在最高地位，以民意民心为转移？因为人是善的源泉，民是天下的根本。比如养气，为什么要走修养的道路，培育浩然正气？因为人性本善，人生的职责就是把上天赋予自己的宝贵财富发扬出来，实现做人的价值。

然而仅仅有正面的引导并不够，还要用反面的制约给予补充，因为人身上还有恶的一面。这就要强调秩序，以礼和法，也就是规矩、制度，进行限制，所谓克己复礼。

人性善是打开儒家思想的钥匙。

议题 2

性善对人路的意义

人路，人应该走的道路，它只属于人类。对人来说，这条路是最好的道路，也是必须走的道路。这条路简称“善道”，就是《论语》说的“死守善道”（《论语 · 泰伯》）。在善的道路上走下去，直到最后。

性善说对于人路的意义主要有三点。

首先，性善说告诉人们，是人就要走善道。

这是由人性决定的。人性之善不是从外面强加于人的附加物，不是可有可无的东西，也不是表面的言谈举止，而是根子上、本质上就具有的本性。既然人性本善，那么人就一定要走善道。这是天命，也是人道，没有什么能够改变，除非人性发生质变，一旦到了这一步，人也就不成其为人了。

其次，性善说告诉人们，是人就能够走上善道。

是人就要走善道不等于说每个人都一定走在善道上。要走善道是应然和必然，是否走在善道上是实然，二者常常不统一。这源于人的天性，因为人是以善为主导的善恶二重结构的矛盾体，由于欲望的作用，对官能享受的追求，人完全可能表现出另一种姿态。譬如孟子那个关于同情心的例子，朱熹的注释这样说，人都有同情心不假，但在欲望的侵害下，人的同情心也被腐蚀了。在看到小孩子滑向井口的瞬间，人们惊悸，然而同情心一闪，随后跟上来的便是私心杂念，诸如借机跟小孩子的家人拉关系以及沽名钓誉之类。这里同情心属于人路，拉关系则属于邪路。

孟子的例子和朱熹的注释具有普遍意义，我们每个人经常处于类似的境遇。这时候就看你如何选择了，“求则得之，舍则失之”（《告子上》）。追求善就可以得到善，放弃善便会失去善。是追求还是放弃？孟子的结论是乐观的，他相信人们最终会选择善，因为“大体”优先于“小体”，或者说本心优先于官能。

周武王

始终不离善道的人极其罕见，只有尧和舜能够做到，其他人，包括商汤王和周武王都差着一截，他们是“反之也”，返回善道。（《尽心下》）圣王况且如此，就不要说凡夫俗子了。返回善道亦是一种证明，说明人具有走上善道的能力。

再次，性善说告诉人们，是人就可以走好善道。

尧和舜这样的人虽然很少，但孟子又说，是人就可以像他们那样，这样的人又很多。一个叫曹交的人问孟子："人皆可以为尧舜，有诸？"孟子答："然。"（《告子下》）问：人人都可以成为尧舜，是这样的吗？回答是。为什么人皆为尧舜？主要有两个原因。

一个原因是就本性而言。尧和舜的本性是善，其他人的本性也是善，在这一点上大家没有任何区别。朱熹说："性者，人所禀于天以生之理也，浑然至善，未尝有恶。人与尧舜初无少异。"（《孟子集注》卷五）人都是秉天理而生，本原上与尧舜没有差异，是纯粹的善，也就是孟子说的"圣人，与我同类者"（《告子上》）。另一个原因是就学习而言。朱熹说："圣人可学而至。"（《孟子集注》卷五）圣人是可以学到手的。

有了性善的本钱，又有学习的本领，人就可以走好善道。尽管绝大多数人采取的是"反之"的方式，但在走善道这一点上，与尧和舜是一样的。

以上三点可以归结为一点，即性善说是善道人路的根据。

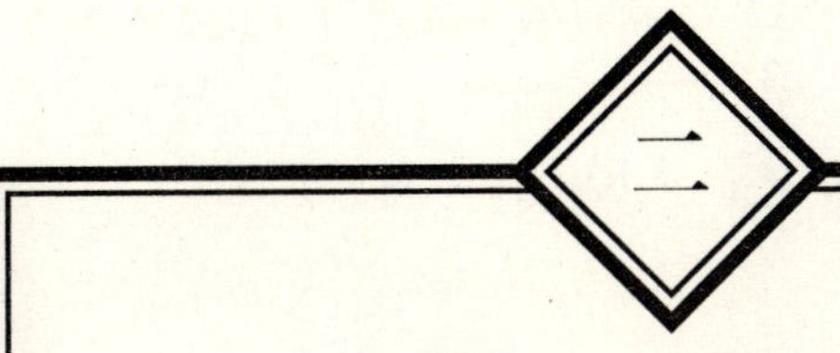

二

义利：人路的边界

（一）

义

语录

原文——

义，人路也。（《告子上》）

译文——

义，是人走的路。

议题 1
适宜

为什么说义是人路？朱熹的注释是："义者行事之宜，谓之人路，则可以见其为出入往来必由之路，而不可须臾舍矣。"（《孟子集注》卷十一）朱熹把义解说为宜，这个说法出自程颐的"义训宜"（《近思录·道体》）。训，解释；宜，适宜。朱熹这句话的意思是，义表示的是做适宜的事情，认定义为人路，是强调人必须随时以适宜来提醒自己，就像出来进去一定要经过的门前道路一样。

适宜换成现在的口语就是合适，比如"你这么做合适吗？"亦即对吗？是否正确？宜意味着正，为此人们常常把义叫作正义。所以孟子又说"义，人之正路也"（《离娄上》）。对这句话，朱熹的注释是："义者，宜也，乃天理之当行，无人欲之邪曲，故曰正路。"（《孟子集注》卷七）义是理所当然，堂堂正正，丝毫不含欲望的杂质。当，当道，应该之意，所以义又可以解释为应当，义就是做应该做的事。

什么是做应该做的事？孟子比较过两种不同做法。一种做法的代表是禹和稷这两位大政治家，他们心系天下苍生，上山下乡，天天跑基层，忙得脚不沾地，留下了三过家门而不入的佳话。一种做法的代表是孔子的第一高足颜回，他是当时最大的宅男，尽管住的是破屋，吃的是粗粮，喝的是白水，而自己又有一身本事，但就是不出去做官。孔子说：一般人都无法忍受清贫的忧愁，颜回却始终不改变他的快乐。短短一句话，开头赞道“贤哉回也！”结尾再赞“贤在回也！”（《论语·雍也》）同是家，前者是不着家，后者是不离家，然而都得到表扬，这不是很奇怪吗?

在孟子看来一点也不奇怪，正常得很。如果换过来，禹和稷也会闭门不出，颜回也会过家门而不入。为什么做法不同却同样正确呢？因为时代不一样，禹和稷是生在“平世”，颜回是生在“乱世”，他们各自的态度很适宜，都做出了应有的选择。孟子举例说，有人打架，如果是你家族里的人，你会忙不迭地破门而出赶去制止，就是披头散发地自毁形象也在所不惜。如果打架的是外人，你这副德行去劝解就让人无法理解了，正常的反应是赶紧关牢大门，别让暴徒闯进来。（《离娄下》）

孟子的妻子独自一人待在居室中，伸开双腿，舒舒服服地坐着。孟子走进房间，见妻子这种姿势，很不高兴，去见母亲，说：媳妇没有礼貌，让她回娘家去吧。孟母问：怎么没有礼貌？孟子答：她双腿向前伸开，坐相不雅。孟母又问：你是怎么知道的？孟子答：亲眼所见。孟母说：这就是你无礼了，怎么能怪别人呢?《礼》书上说，将要进门时，一定要先问问屋里有没有人；进到堂屋，声音应该大一些，让主人家知道有人进来了；走进房间，不要东张西望，不去窥探别人的隐私。当时你媳妇一个人待在自己房间里，她伸开腿坐着并不妨碍别人。你不声不响地闯进去，被你碰到了，

这完全是你无礼呀！跟媳妇又有什么关系？孟子听了，责备自己做得不对，不敢再提休妻的事。（《韩诗外传》）

具体情况具体分析，义是具体情境下做应该做的事。

除了联系情境，还要联系人的具体社会角色。结合角色，所谓做应该做的事情，就是担负起这一角色应尽的责任。作为子女，孝敬父母是天职，是应该做的事情，尽孝就是义；作为父母，关爱子女是天职，是应该做的事情，尽慈就是义；作为官员，清廉是天职，是应该做的事情，尽廉就是义；作为国民，爱国是天职，是应该做的事情，尽忠就是义；作为自己，自爱是天职，是应该做的事情，尽爱就是义。

东汉灵帝时，朝廷掀起对党人的迫害。宦官为打击反对他们的臣子，污蔑他们“钩党”，意即互相勾连结为朋党。被认为是党人首领的张俭踏上了逃亡路。他曾投奔老友孔褒，孔褒不在家，孔褒的弟弟孔融年仅16岁，做主把张俭藏匿家中。事情败露，张俭逃走，官府逮捕孔褒、孔融，将其送进监狱，但拿不准主意应该判处哪一个。孔融说：接纳张俭并把他藏匿起来的是我孔融，应当由我坐罪。孔褒说：张俭是来投奔我的，不是弟弟的罪过，应该抓的是我。负责审讯的官吏征求他们母亲的意见，母亲说：家事由家长负责，我是家长，罪在我身。一家母子三人，争相赴死，官府无法裁决，只好上报朝廷。灵帝下诏诛杀孔褒。

张俭辗转逃到东莱郡，住在李笃家，外黄县县令毛钦手持兵器找上门来。入座后，李笃说：张俭是背负重罪的逃犯，我怎么会窝藏他？假如他真的在我这里，此人乃天下贤士，难道您非要捉拿他不可吗？毛钦站起身，抚摸着李笃的肩膀说：春秋时卫国大夫蘧伯玉以单独做君子为耻辱，你怎么一个人独占义？李笃说：今天就想与你分享，你已经获得了一半。于是毛钦叹息着走了。李笃带领张俭经由北海郡再入渔阳郡，逃出塞外。张俭自逃亡以来，因为窝藏和收容他而被官府诛杀的有十余人，遭到逮捕和审问的几乎遍及全国。事主无不敬重他的声望和德行，宁肯家破人亡也要帮助他。等到党禁解除，张俭才返回家乡。（《资治通鉴》卷 56）

在这个故事里，孔氏兄弟互相保护，恪守悌道，尽到了兄弟之义；孔母保护儿子，恪守慈道，尽到了父母之义；孔融、李笃、毛钦保护张俭，恪守友道，尽到了朋友之义。他们都是义士，做了自己应该做的事。尽管角色不同，但他们的行为有一个共同点，就是为他人牺牲自己。这就为义提供了一个标准，就是《朱子性理语类》说的“利物，则合乎事之宜矣”（《朱子性理语类》卷第六）。这里的物指对象；利物，利于对象，也就是利他。利他就是做适宜的事。

如果说此前义还比较抽象的话，那么有了利他，义就容易操作了：利他就是人所应该具备的行为，做有利于对象的事就是义。

议题 2

知耻

义的另一层含义是知耻。孟子说："羞恶之心，义也。"（《告子上》）恶，不好的东西，这里指不好的念头和行为；羞恶，因恶而脸红，耳根发热，感到羞愧。羞恶之心就是知耻的意识。

东晋简文帝看见田里长满稻子，不认识，问那是什么草？人家告诉他是稻子。简文帝回到宫里，羞得三天愣没出门，说：哪里有依靠它的末梢活命，而不知道其根本的呢！（《世说新语·尤悔》）他之前有位晋明帝，询问温峤他们司马氏是怎样得到天下的。温峤不好意思张口，一旁的王导接过问话，说：温峤年轻，不熟悉往事，请允许我为陛下说明。于是王导一一叙述了司马懿在夺取政权的过程中，如何诛杀名门望族，如何宠幸栽培同党，一直讲到杀害曹魏最后一任帝王的事。晋明帝听后，羞得把脸贴在坐榻上，说：果真像您说的那样，我司马氏的国运怎么能够长久！（《世说新语·尤悔》）

人为什么知耻？因为有是非心，知道什么是对，什么是错。所以北宋大儒程颐把义概括为知是非，说："义便知有是有非。"（《近思录·为学大要》）《朱子性理语类》也这么说："善善

陆机

恶恶为义。”（《朱子性理语类》卷第六）善善，彰显善；恶恶，压制恶。扬善抑恶即为义。

知耻与义的第一层含义适宜是相通的。适宜是做应该做的事，也就是做自己认为正确的事，而只有分清是非，才能做正确之事。

晋时有个人叫戴渊，年轻时把持不住自己，走上了邪路，跟一帮无良子弟在江湖上混饭吃，时不时跑到长江和淮河之间劫掠一把。东吴贤士陆机在外做官，结束休假从家乡返回洛阳，行李沉重，被强人瞄上了，遭到抢劫，领头的正是戴渊。陆机从船上望去，只见岸上支起一架胡床，一个人坐在上面，手持利剑，指挥若定，安排很有章法。虽然干得是见不得人的勾当，但那人神态从容大度，没有一点猥琐之相，再加上相貌和气质俱佳，根本看不出来是强盗头目。

陆机心中着实替他惋惜，不由得远远叫道：你有如此才能，难道甘心仅仅用在打劫上吗？听到这句话，戴渊不禁流下眼泪，扔掉剑来见陆机，表示愿意追随左右。一番交谈后，陆机发现他不仅有组织才能，而且也很有见识，言辞犀利，非同一般，越发地看重他，两人结为好友。经陆机引荐，戴渊走上仕途。晋朝南迁后，戴渊受到重用，官至征西将军。（《世说新语 · 自新》）

知耻使人洗心革面，重新做人，走人应该走的路。

东晋时发生了苏峻叛乱。叛军攻到石头城（今南京），百官四处逃散，只有侍中钟雅独自留在晋成帝身边。有人对钟雅说：看到情况允许就前进，知道困难就后退，这是自古以来通行的道理。您生性忠诚正直，一定不被仇敌所容。为什么不随机应变，却要坐着等死呢？钟雅说：国家丧乱而不能匡正，君主危难而不能救援，大家都靠逃跑来躲避灾祸，我怕古代的史官董狐要拿着竹简近前记上一笔了！（《世说新语 · 方正》）

知耻使人坚守职责，做自己应该做的事。

（二）

利

语录

原文——

何必曰利？（《梁惠王上》）

译文——

何必张口就是利益？

议题 1
利与欲

题头这句话是《孟子》的开篇句。孟子游说魏国君主魏惠王，一见面魏惠王便问：老先生您不远千里来我这里，一定会给我的国家带来利益吧？孟子一句“王何必曰利？亦有仁义而已矣”，打开了《孟子》这部大书。朱熹做注说：“此孟子之书所以造端托始之深意，学者所宜精察而明辨也。”（《孟子集注》卷一）以义利发轫，意味深长，用心良苦。

利是怎么回事？朱熹认为：“利者，人情之所欲。”（朱熹：《论语集注》卷二）利益是情欲追求的对象。这里的情欲是广义的，泛指所有欲求。利来自哪里？朱熹认为：“利心生于物我之相形，人欲之私也。”（《孟子集注》卷一）求利之心或者说情欲发生在外物与人的感官之间，比如作为外物的美色触动作为感官的眼睛，从而使人心动，产生欲求，所以说利益与欲望“之私也”，归属一类。

正如前面的“食色，性也”属于人的天性一样，追求利益也属于人的天性，再正常不过了。在这一点上君子与小人、好人与坏人没有区别。就连圣人孔子都这样表白：“富而可求也，虽执鞭之士，吾亦为之。”（《论语·述而》）如果可以获得财富，哪怕去市场当个看大门的我也乐意。利益对孔子很有吸引力，价值很大。所以朱熹引程氏兄弟的话说：“君子未尝不欲利。”（《孟子集注卷》十四）君子同样追求利益。

孟子与齐宣王有段对话，讲的就是这个问题。齐宣王朴拙，自认为格调不高，跟孟子承认自己是贪财好色之徒。说：我这人有个毛病，喜欢钱财。孟子说：那又怎么了？周王室的祖先公刘也喜欢钱财。接着孟子吟诵《诗经·大雅》“公刘”中的几句诗：收割庄稼堆满仓。备足干粮准备好，大袋小袋处处装。周民团结争荣光，弓箭拉开弦绷上。高扬利戈举起盾，动身出发去前方。吟罢，孟子说：正因为公刘爱财，留在家里的人有粮食，行军作战的人有干粮，这样才能够出征。大王您喜欢钱财，如果能够与民同心，喜欢钱财又有什么妨害？

齐宣王嘿嘿笑着说：我这人还有个毛病，喜欢女色。孟子说：那又怎么了？周王室的祖先亶（dǎn）父也喜欢女色，痛爱他的妃子。接着孟子吟诵《诗经·大雅》“绵”中的几句诗：先祖古公名亶父，清晨骑马就出发。沿着西边河岸行，走啊走到岐山下。偕同美人姜氏女，选好地址造房舍。吟罢，孟子说：正因为亶父好色，当时族中没有嫁不出去的女人，也没有娶不上媳妇的男人。大王您喜欢美色，如果能够与民同心，喜欢美色又有什么妨害？（《梁惠王下》）

朱熹做注道：“好勇、好货、好色之心，皆天理之所有，而人情之所不能无者。然天理人欲，同行异情。循理而公于天下者，圣贤之所以尽其性也；纵欲而私于一己者，众人之所以灭其天也。”

（《孟子集注》卷二）追求利益，满足情欲，上符天理，下合人情。然而虽然都是欲望，但不尽相同。遵循天理而与天下人同心，这样的欲望得到圣贤的肯定，应该尽性；放纵欲望而满足一己之私，这样的欲望为众人所否定，尽管出自天性也不能为所欲为。

利益本身无所谓对错，问题出在欲望上。看欲望是合理还是不合理，是正当还是不正当，就看它是否与大众要求相吻合。

西晋有两个大官财主，一个叫王恺，一个叫石崇，两人相互较劲儿，比谁更阔绰。王恺家擦锅不用水，用的是麦芽糖和白米饭，石崇家更大方，烧饭不使木柴，使的是蜡烛；石崇家刷墙的泥水掺入花椒，王恺家就把一种叫赤石脂的红色材料和进泥水里。两家相争，皇帝也来助阵。晋武帝是王恺的外甥，自然站在舅舅一边，送来一棵二尺来高的珊瑚树，色彩绚丽夺目，世所罕见。王恺拿到石崇面前显摆，不想石崇操起铁如意一下就把它敲个稀巴烂。王恺大怒，石崇请他少安勿躁，说：现在就赔你，遂轻拍手掌，应声走进一队仆从，抬来许多珊瑚树，光三四尺高的就有六七棵，而且树形色彩绝佳，像王恺拿来的那株就更多了，王恺干气没办法。（《世说新语·汰侈》）这个事例虽然极端，但很能说明问题，这种炫耀性的高消费就是一己之私的欲望，就是不合理、不正当的欲望。

议题2
利与害

利益本身虽然无所谓对错，但由于它与欲望相关联，而欲望则有对错，因此利益一定会带来一系列危害，这就是孟子“何必曰利”的原因。

利益造成哪些危害呢?

首先是引发争斗。

孟子对魏惠王这样解释为什么不要张口闭口就是利益：国君问怎样对我的国家有利？上行下效，大夫也会问怎样对我的家族有利？士人和平民也会问怎样对我自身有利？于是一国之内，上上下下都会围着利益而争夺不休，这个国家还有救吗？在一个拥有万乘兵车实力的国家里，杀害国君夺走君位的一定是拥有千乘兵车实力的大夫家族；在一个拥有千乘兵车实力的国家里，杀害国君夺走君位的一定是拥有百乘兵车实力的大夫家族。这些大夫家族掌握的财利达到了国家的十分之一，不可谓不多，然而如果他们把利益放在仁义的前面，就永远不会满足，不把国君的财利夺走决不罢休。这就是张口闭口利益的结果。（《梁惠王上》）

其次是扭曲人际关系。

一个叫宋牼（kēng）的学者匆匆赶路前往楚国，半道遇上孟子。孟子问他去干什么。宋牼说秦国跟楚国打了起来，他去游说楚王请他罢兵；要是楚王不肯，他就去见秦王，说服他停战。宋牼信心满满，认定这两个君王总能说通一个。孟子好奇，请教宋牼劝说的思路。宋牼答：很简单，我将从战争的不利方面入手。孟子的意见是志向很好，但关键没有找对。宋牼不以为然。

孟子解释道：您以利害游说秦楚二王，他们因为喜欢利益而收兵，这也会使双方将士因为喜欢利益才乐于回军。这将带来什么呢？作为臣民的将怀抱利益来侍奉他的君主，作为儿女的将怀抱利益来事奉自己的父母，作为弟弟的将怀抱利益来侍奉他的哥哥。于是君臣、父子、兄弟之间的仁义不见了，变成了利益关系，而建立在利益之上的国和家，能够保全的还从来没有过。这就是以利益游说的结果。（《告子下》）

再次是扰乱治政方向。

孟子说：如今侍奉君王的人夸口道：我能够为君上开疆拓土，让府库盛得满满的。这样的所谓好臣子在古代其实是被叫作民贼的。在他们的教唆下，君王不奉行道义，不立志行仁，而一门心思奔着财富去，这等于是要君王走夏桀的道路，是帮助夏桀这样的昏君富有。如今侍奉君王的人夸口道：我能够为君上与强国结盟，每战必胜。这样的所谓好臣子在古代其实是被叫作民贼的。在他们的教唆下，君王不奉行道义，不立志行仁，而一门心思奔着武力去，这等于是要君王走夏桀的道路，是帮助夏桀这样的昏君强大。这样下去，不在教化上下功夫，即便夺取了天下又怎样？连一天也坐不稳。（《告子下》）

苏绰

贤臣明君深知这一点，自觉抑制对利益的过分追求。

南北朝时，苏绰任西魏大行台度支尚书、司农卿。因为国用经常不足，他制定的税赋很重。颁行后苏绰感慨道：如今我推行的重税法，就像是张满的弓，只能在战乱之世使用，绝非治平之世的政策。后世的君子，谁能把弓弦放松呢？苏绰的儿子叫苏威，听了这话触动很大，便把实现父亲的愿望确立为自己的使命。隋朝建立，隋文帝任用苏威做度支尚书，负责财政。苏威奏请减免赋税徭役，一切开支尽量从轻从简。文帝全部采纳了他的建议。（《资治通鉴》卷 175）

五代时有一种地产叫营田，原本是军队的屯田，后来租给农民耕种。后周太祖郭威将营田的产权由官府转改为租地农户，农民生产所获提高了好几倍。当初有人出主意，把营田中肥沃的土地卖掉，可得钱数十万缗，以充实国库。郭威说："利在于民，犹在国也，朕用此钱何为！"利益在民众那里，跟在国家一样，我要这些钱做什么！（《资治通鉴》卷 291）

（三）

义利之辨

语录

原文——

非其有而取之，非义也。（《尽心上》）

译文——

不是应该得到的却获取，就是不义。

议题 1

义在利先

孟子在对魏惠王讲过唯利益论的危害后，话锋一转，说：要想避免争斗的后果，好办，那就把仁义放在利益前面，还从来没听说过仁者抛弃父母的，也从来没听说过义者背离君主的。所以大王只要谈论仁义就行了，何必张口就是利益呢？（《梁惠王上》）

同样的，孟子在对宋牼分析过唯利益论的危害后，又从反面进行阐释，说：如果先生您从仁义出发去劝说秦王和楚王，后果将大不相同。秦楚二王因为喜欢仁义而收兵，这也会使双方将士因为喜欢仁义而乐于回军。推及开来，作为臣民的将怀抱仁义来侍奉他的君主，作为儿女的将怀抱仁义来事奉自己的父母，作为弟弟的将怀抱仁义来侍奉他的哥哥。于是君臣、父子、兄弟之间的利害因素被排斥出去，完全代之以仁义，而这样却不能服众的还从来没有过。先生您何必以利益去进行游说呢？

孟子的主张很清楚，就是义在利先。

春秋时期，楚平王无道，为了铲除太子势力，杀掉了太子的师傅伍奢和他的一个儿子伍尚，另一个儿子伍员逃跑了。伍员字子胥，素有谋略，还非常勇敢，是少有的人才。楚王害怕伍子胥报仇，决心除掉他，严令各地抓紧搜捕。

伍子胥打算逃到临近的吴国去，来到了长江边上。水天一色，苍茫一片，只有一个打鱼老人摇着条小船在风波中出没。子胥叫过小船，请求老人送他过江。老人答应了，把他送过了长江。子胥问老人姓名，老人没有告诉他。子胥解下腰间佩带的剑，双手捧到老人面前说: 这是一把价值千金的宝剑，请您收下。老人瞥了宝剑一眼，望着江对面的楚国说：按照楚国的法令，捉住伍子胥的人，封给爵位，享用万石米的俸禄，还赐予黄金千镒。老人突然收回目光，看着面前的人说：从前伍子胥从这里经过，我尚且不捉他去领取封赏，如今我要你的宝剑干吗？

伍子胥到吴国后受到重用，曾派人到江边寻找老人，但始终不见踪影。伍子胥每次吃饭都要祭奠那位江上老人。（《吕氏春秋 · 异宝》）

江上丈人
（清）任渭长 绘

重义轻利者属于君子，也就是大写的人。孔子说：“君子之于天下也，无适也，无莫也，义之以比。”（《论语 · 里仁》）意思是，君子行走天下，不拒斥什么，也不追求什么，完全与道义并肩而行。所谓的“徙义”（《论语·颜渊》），也就是跟着道义走。

这不仅是人格问题，也关系到利益能否实现。孟子说：古人开设市场，为的是互通有无。本来好好的，不知道从哪儿来了一个财迷，打算垄断市场，左边也伸手，右边也伸手，恨不得所有利润都让他一人独占了去。众人看不惯他那副贱相，怂恿市场管理者抽取他的利润，征收商业税自此开始。（《公孙丑下》）

所以孔子告诫人们：“放于利而行，多怨。”（《论语·里仁》）一心奔着利益去的人，肯定招人恨。别人心中不平，自然会出来争夺，至少会跟你捣乱，你的利益能追到手吗？即便追到手，又能安全吗？很难。

相反，那种不把利益放在首位而遵循道义的人才是真正的赢家，最容易收获利益。道理很简单，你按照道义去做，就要满足他人需求，这个过程中自己的利益也就实现了，用今天的话说，这叫双赢。双赢是一种和谐，所以儒家经典《左传》说：“利者，义之和也。”（《左传·襄公九年》）利益是遵循道义而达到的各方面的和谐。由此可以说，道义就是利益，而且是最大的利益。

道义和利益都是人所必需的，人不能无利，无利则不能生活；人不能无义，无义则失去了方向，二者都有价值。道义的价值高于利益，因为做人是谋生的前提，利益要由道义来确保。

议题 2

见利思义

一个叫周霄的人问：古时候君子也出来做官吗？孟子答：当然。典籍上记载，孔子如果三个月没有得到任用，便会惶惶不安。贤者公明仪说，一旦出现这种情况，就会有人前去宽慰没有得到职位的人。周霄有些诧异，问：这么短时间没有得到任用就坐不住，也太急了点吧？不，孟子摇了摇头，答道：士人失去官位就跟诸侯失去国家一样，诸侯没有了土地无法祭祀，士人没有了官位也不能祭祀，能不着急吗？

周霄又问：既然这么急迫，但君子又不轻易做官，这是为什么？孟子答：这么说吧，家里生了男孩，父母没有不希望为他找到妻室的；家里生了女孩，父母没有不希望为她找到丈夫的。父母的这份心思，是人就有。但要是急于兑现，连父母之命、媒妁之言都不顾了，钻院洞、扒门缝相窥视，爬墙头、越屋脊相幽会，不要说旁人了，就是父母也会看不起他。古人何尝不想出仕为官，但更厌恶不走正道获得职位。歪门邪道找官做，跟钻院洞、扒门缝、爬墙头、越屋脊没什么两样。（《滕文公下》）

朱熹的注释是：“盖君子虽不洁身以乱伦，而亦不殉利而忘

（汉画像石）慰问

义也。”（《孟子集注》卷六）君子绝不会违背规矩而乱来，也不会为了利益而抛却道义。

用孔子的话来概括就是“见得思义”（《论语 · 季氏》）。见到了自己想要的东西，要思谋一下应不应该得到它，以及应该怎样得到它。

孔子正是这样做的。他去见齐国君主，齐君很高兴，把廪（lǐn）丘（今山东省郓城县西北）作为封地赐给他，被谢绝了。出宫后孔子对弟子们说：我听说君子应该凭借功绩接受俸禄，我刚刚向齐君提出建议，还来不及实行，他就把廪丘赐给我，也太不了解我的为人了！于是立马离开了齐国，头都不回。孔子说过：“事君，敬其事而后其食。”（《论语 · 卫灵公》）出去做官，先完成任务，然后再得到利益。不劳而获的事情，孔子不做，所谓的“不以其道得之，不处也”（《论语 · 里仁》）。不通过正当途径而获取的利益，有原则的人不会接受。

春秋时期，晋国君主晋献公的夫人骊姬运用阴谋手段逼死太子申生，逼走公子重耳、夷吾，献公立骊姬生的儿子奚齐为太子。献公死后，大夫里克准备除掉骊姬和奚齐，去找大夫丕（pī）郑商量。丕郑一口答应，说：您与申生、重耳、夷吾三位公子的党羽做内应，我负责外援。我去说服狄族人入侵，策动秦国出兵，以此来搅扰晋国。到时候，谁跟着咱们干，就给谁高官厚禄；谁给咱们的条件优越，就拥立谁当国君，让大家看看，谁在晋国说了算！

对于丕郑的这套想法，里克不同意，驳道：我听说，道义，乃是利益的基础；贪婪，乃是灾祸的根源。抛弃道义，即使得到利益也不牢固；出于贪婪，即便成功也会结怨于人。奚齐那个小娃娃有什么罪？只不过是因为骊姬倒行逆施，搞乱了晋国，我是担心如今的政局就像是堵塞的洪水一样，一旦溃决，势不可挡，将无法收拾。所以我打算除掉奚齐，接回流亡国外的公子主政，以此来安定民心，取得诸侯的同情和援助。

里克望了丕郑一眼，接着说：如果我们除掉奚齐是为了个人的荣华富贵，那就是违背道义而受贪婪驱使，一定会遭到民众的怨恨，最后搞乱国家，个人富贵也保不住。丕郑接受了里克的意见，他们合力除掉了骊姬和奚齐。（《国语 · 晋语二》）

追求利益不是问题，怎样追求才是问题。利益无所谓好坏，但取得利益的手段有好坏，同样是金钱，劳动得来的和贪污到手的就大不一样，前者叫干净钱，后者叫赃款。孔子、里克跟富贵没仇，跟不义之财才有仇。不义之财并非都是赃款，不应该或者不从正当途径得到的东西，也属于不义之列。既是不义，一定不利于人，或伤财，或害命。

见得不思义，一定吃大亏。

春秋时期，晋国旁边有个国家叫仇由（qiú yóu，在今山西盂县）。执政大夫智伯瑶想攻打它，然而道路险阻，战车无法通行。他铸造了一口钟送给仇由国君主。这口钟非常大，要用两辆车并在一起才装得下。仇由国必须削平高地、填平深沟，修筑一条道路，大钟方可抵达。

一个名叫赤章蔓枝的大臣劝国君不要接受这件礼物，道：古诗说只有遵循常理才能安定国家，我们凭什么能够从晋国获得这么贵重的东西？智伯瑶为人贪婪而不讲信誉，一定是他想吞并我们，但碍于山川险阻无法进军，所以铸造了大钟送给您，使您不得不铺桥修路来迎接大钟，这样他的大军就可以尾随而至。国君不听。过了一会儿，赤章蔓枝再次提醒他。国君烦了，说：大国主动跟你交好，而你却拒绝人家，这太不吉祥了，你就不要说了。

赤章蔓枝认为自己已经尽职，可以走了。便砍去车轴长出来的两端，通过狭窄的道路逃往卫国。他到了卫国的第 7 天头上，仇由国就被智伯瑶灭掉了。（《吕氏春秋 · 权勋》）

这类教训极多，可谓前仆后继。面对利益，不想一想是否应该得到它，应该通过什么途径得到它，没有不上当受骗的。不要说诱人的利益得不到，就是已有的利益也会丢掉。见得思义太重要了。

见得思义就是把利益放进道义这个价值向度中检视，看自己是否有理由得到，并由此做出选择。合理的利益就是好利益，是正价值，应该获取；反之就是坏利益，是负价值，必须离弃。利益对于人的意义，要由道义来判明。

议题 3
应取则取

陈臻问老师：前些日子在齐国，齐王送给您上好黄金 100 镒，您不接受；可到了宋国，国君送您 70 镒黄金，您却接受了；而到了薛地，薛君送给您 50 镒黄金，您也接受了。如果以前的不接受是正确的，那后来的接受便是错误的，如果后来的接受是正确的，那以前的不接受便是错误的，老师您总有一次做错了吧。孟子说：没一次做错，都正确。在宋国的时候，我准备远行，对远行的人理应送些路费，国君以路费的名义送我黄金，我怎能不接受？在薛地，我听说路上有危险，需要戒备，薛君以购买兵器的名义送我黄金，我怎能不接受？至于在齐国，齐王送我黄金却没一点理由，等于是用钱来收买我，君子怎么可以收买呢？（《公孙丑下》）

朱熹在注释中说：孟子的三次做法都是适当的，完全符合义，并引尹氏言“君子之辞受取予，惟当于理而已”（《孟子集注》卷四）。接受利益还是不接受利益，全凭理做主。合理的、应该收取的就收下，不合理的、不应该收取的就拒绝。

这只跟义有关系，跟数量大小无涉。孟子游说诸侯，追随者很多，前呼后拥。彭更看不惯，问老师：跟在身后的车子几十辆，追随的人几百号，从这个诸侯名下吃到那个诸侯名下，不是太过分了吗？孟子瞥了学生一眼，说：如果不应该，就是一篮子饭也不能吃他的；如果应该，就是像舜那样接受尧的天下也照单全收——你说过分吗？（《滕文公下》）

应取则取，合情合理。

孟子看不上那种为了猎取名声而违背天理人情的极端做法。

齐国将军匡章跟孟子夸口，说他们齐国也有清廉之士，此人姓陈，名仲子。他虽说出身公族，与国君是本家，但追求高洁。他住在於陵这个地方，三天没有吃东西，饿得耳朵听不到，眼睛看不见。井畔有个李子，被金龟子吃掉了一大半，他爬过去拾起吃了，咽了三次才吞下肚，听力和视力才慢慢恢复过来。孟子不以为然，说：陈仲子怎么就成了清廉的代表？这种做法如果发展下去，就会把人变成在地上吃干土、在地下喝泉水的蚯蚓。

太夸张了吧？有这么严重吗？

孟子说：陈仲子的哥哥陈戴在盖邑得到的俸禄有几万石之多，他认为哥哥的俸禄是不义之财而不吃，哥哥的住房是不义之产而不住，避开哥哥，离开母亲，跑到於陵去。一天仲子回家，正好看到有人给哥哥送来一只鹅，便皱起鼻子说哪里用得着这咿咿叫的东西？过了几天，母亲把那只鹅杀了给他吃，碰巧哥哥从外面回来，便说你吃的正是那咿咿叫的东西的肉啊！仲子连忙跑出去吐出来。母亲的食物不吃，妻子的就吃；哥哥的房屋不住，於陵的就住，这算怎么回事？按照陈仲子的逻辑，可以这样问，你住的房子是像伯夷那样廉洁的人盖的还是像盗跖那样的强盗盖的？

你吃的粮食是像伯夷那样廉洁的人种的还是像盗跖那样的强盗种的？说不上来，为保险起见，只好不住房子，不吃粮食。照这样下去，当了蚯蚓才能说得上是清廉呢。（《滕文公下》）

陈仲子的名气很大，楚王想请他去做令尹（国相），他带着妻子逃掉了，去给人打工。后人把他编入《高士传》，东晋名臣桓温看这本书，读到陈仲子，一把将书扔到一边，说：谁能这样不近情理地对待自己！（《世说新语·豪爽》）

应取不取违背义，不值得提倡。

也还有另一种情况，就是可取可不取。公仪休担任鲁国宰相，他非常喜欢吃鱼，全国人都争着买鱼献给他，但被他一一拒绝了。他弟弟很不理解。公仪休解释道：正因为我爱吃鱼，才不敢接受。如果收受了人家的鱼，一定会有迁就对方的表示，而迁就他们就会做出违背法令的事情；违背了法令，就会被罢免宰相的官位。到了那一天虽然我喜爱吃鱼，也不一定还有人给我送鱼，我又不能够自己弄到鱼。相反，如果我拒绝了他们送来的鱼，就不会被罢免宰相，在这个位置上，保证经常有鱼吃是没有问题的。（《韩非子·外储说右下》）

鱼不比黄金、钱财之类的东西，不过是寻常人家的盘中之物，值不了几个钱。对于官员来说，收下别人送的黄白之物，铁定的是受贿，而收下鱼，恐怕没人说这是受贿。鱼属于可收可不收的东西，不收，别人不会说你多么廉洁；收了，别人也说不出什么。公仪休的态度是不收。

孟子也是这个态度，说：“可以取，可以无取，取伤廉。”（《离娄下》）对可取可不取的利益，不取，因为取了有伤廉洁，也就

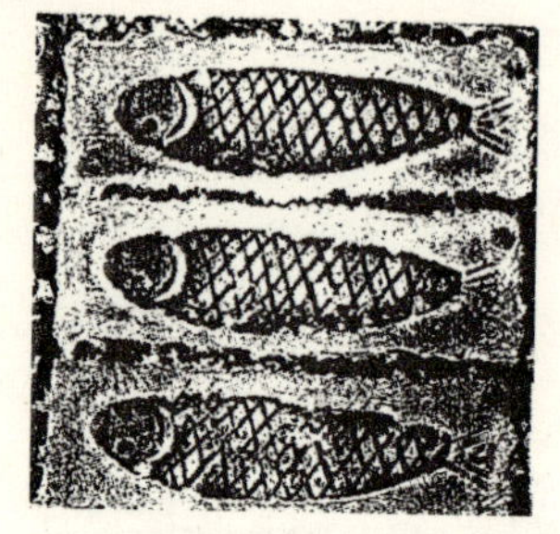
（汉画像砖）鱼

是害理。

关于义利之辨，以上说了三层意思，一是义在利先，一是见得思义，一是应取则取。可以概括为一句话："义，利之本也。"（《左传·昭公十年》）道义是利益的根本。

利益无疑是人的最迫切、最显著、最经常的追求，具有重大价值。然而人与利益对象的关系并不仅仅是两者关系，中间还横亘着义理，利益要经过它的过滤，是正价值还是负价值，应该拿还是不应该拿，通过什么途径拿，不取决于需要，而由道义说了算。这就是人们为什么看重和强调道义导向。

（四）义利之辨的地位及其对人路的意义

语录

原文——

居仁由义，大人之事备矣。（《尽心上》）

译文——

怀抱仁爱，走义的道路，便具备了做高尚的人的资格。

议题 1

义利之辨的地位

程氏兄弟说："孟子有功于圣门，不可胜言。仲尼只说一个仁字，孟子开口便说仁义。"（朱熹:《四书章句集注·孟子序说》）孟子对孔门（儒家）贡献之大难以言说，孔子只是讲仁，孟子一开口就是仁义并用。

其实《论语》也讲义，而且讲了不少。如："见义不为，无勇也。"（《论语·为政》）见到应该做的事情而不作为，是怯懦。"君子以义为质。"（《论语·卫灵公》）。君子把义视为根本。"君子义以为上。"（《论语·阳货》）君子最看重的是义。"君子之仕也，行其义也。"（《论语·微子》）君子出来做官，为的是推行道义。等等。可见孟子讲义，根子仍在孔子，他的着力点在于放大义的价值，将其提升到人路的高度，与仁并行。

后人，特别是宋代儒家，对义又做了进一步加工，最突出的是将其与理打通。程颐有个说法："在物为理，处物为义。"（《近思录·道体》)存在于事物中的规则叫作理，处理事物的原则叫作义。套用哲学语言，前者讲的是必然，即本体、天理；后者讲的是应然，即效仿、人道。所以程颐又说："顺理而行是为义也。"（《近思录·为学大要》）朱熹也说：“义者，天理之所宜。”（《论语集注》卷二）义与理其实是一个东西，只不过是从不同角度表现出来罢了，为此人们又引申出义理的说法。理的总称叫作道，于是又有了道义一词。

义的根本特征是什么？朱熹有个形象比喻，以自然天象来说明仁义礼智这四理。其中义与阴阳二气中的阴、春夏秋冬四季中的秋、金木水火土五行中的金、元亨利贞四品中的利相对应（《朱子性理语类》卷第六）。

之所以说义属于阴柔，是因为它强调的是收敛。义所表达的适宜和知耻是限定、制约，使人的行动往回收。这种收缩非常坚决，不容商量，理在那里放着，不符合理不行，朱熹说：“义之在心，乃是决裂果断者也。”（《朱子性理语类》卷第六）又说：“人有耻则能有所不为。”（《朱子语类》卷十三）义好像利刃（金），把人与不该做的事情一刀两断。义从本质上说是阴柔，但表现为阳刚，属于坚决果敢，所以是柔刚相济。义的收敛是对个人自己而言的；对外界则不同，是放，是做好事，是施恩于人，也就是利万物，因此义对应元亨利贞四品中的利，有着秋天收获的品格。

不难看出，收敛就是义的特征。所谓收敛，其实就是说“不”，告诉人们什么可以做、什么不可以做。

孟子就是这样认为的。他说：“非礼之礼，非义之义，大人弗为。”（《离娄下》）违背礼制的规矩，大写的人是不会服从的；违背道义的路子，大写的人是不会去走的。

这也是孔子的认识。他说：“君子有勇而无义为乱，小人有勇而无义为盗。”（《论语·阳货》）权贵如果只有勇敢而缺少义，就会去作乱；平民如果只有勇敢而缺少义，就会去为盗。

人只能在义的范围内活动，在义的轨道上行驶，不越界怎么做都成，出轨就不行了。正是在这个意义上，朱熹说出了那句饱受今人误解和诟病的“遏人欲而存天理”（《孟子集注》卷二）。欲望作为天性，在义的框子内，可以随意挥洒；突破了这个范围，就得打回去，所谓的“遏”或者“灭”，没二话。譬如，做买卖讲究公平合理，也就是义。这里，童叟无欺属于天理，缺斤短两就是人欲，要不要存天理灭人欲呢？再如，做官讲究为国为民，这是义。清正廉洁属于天理，贪污腐败则是人欲，要不要存天理灭人欲呢？

将欲望置于道义的坐标上，将利益建立在道义的基础上，是人性的要求。人性本善，义就是善，因此以义为本与性善完全契合，相反如果放纵欲望，一切以利益为准，那就与人的本性背道而驰了。作为天性的欲望及其指向的利益必须适合作为本性的义理。

义利之辨绝非仅仅是义利本身的事情，还影响着其他领域。

比如治政。孟子提倡“恒产”，以确保民众的生存需要。为什么？原因很简单，产业，或者说追求利益，为人的天性所必需，治国理政就要满足这一基本要求。

比如修养。孟子提倡“寡欲”，以确保性善不失。为什么？因为欲望无止境，一旦大撒把，信马由缰，情欲必定淹没本性，把人往邪道上引。

义利之辨是大问题，具有全局性。

议题 2

义利之辨对人路的意义

义也可以解释为界限，近代大儒康有为就这么认为："界限者，义也。"（《春秋董氏学》卷第六）界限就是我们常说的底线，为人处世要有底线，义划定的就是这条底线。

这条底线就是人路的界限，义利之辨对人路的意义就在于确定边界。

以义划界，一边是人，一边是禽兽。

唐太宗时，右骁卫大将军长孙顺德接受别人送的绢帛，事情败露。太宗说：顺德如果始终能够做到有益于国家，府库中的财富，我与他共享，受之不尽，他何必如此贪婪！太宗当众赐给他绢帛数十匹。大理寺少卿胡演问：长孙顺德贪赃枉法，罪不可赦，为什么还赐予他绢帛呢？太宗说：他要是有人性，得到赐予绢帛的羞辱，远远超过刑罚；如果不知道羞愧，不过是禽兽罢了，杀了又有何用！（《资治通鉴》卷 192）唐太宗用的是孟子的话"无羞恶之心，非人也"（《公孙丑上》）。没有羞恶心的人不配做人。动物不知羞耻，弱肉强食，当众交配。

长孙顺德是功臣，画像入凌烟阁功臣图，爵封国公，德行和

长孙顺德

（清）刘源 绘

能力均有过人之处。唐太宗对他采取的是羞辱法，以检视他的人性。如果痛改前非，说明他还有人性；如果不知羞耻、不思悔改，那他则与禽兽无异，开除他的人籍。

关于人与动物的分野，画家、学者丰子恺说过一段话："贪生恶死，是一切动物的本能，人是动物之一，当然也有这种本能，但人贪生恶死，与其他动物的贪生恶死有点不同；其他动物的贪生恶死是无条件的。人的贪生恶死则为有条件的。古人云：'人之所以异于禽兽者几希。'这几希可说就在于此。何谓无条件的？只要吃得着东西就吃，只要逃得脱性命就逃，而不顾其他一切道理，叫无条件的。……何为有条件？照道理可以吃，方肯吃。照道理活不得，情愿死去。这叫作有条件的。条件就是道理。故人可以说是讲道理的动物。除了白痴及法西斯暴徒以外，世间一切人都是讲道理的动物。许多动物中，何以只有人讲道理呢？是因为人具有动物所没有的一件宝贝，这宝贝叫'同情'。同情就是用自己的心来推谅别人的心。

人间一切道德，一切文明，皆从这点出发。……这样，‘一己’和‘大群’就不可分离。我就有‘小我’和‘大我’。小我就是一身，大我就是全群。”（丰子恺：《杀身成仁》）这段话写在抗战时期，子恺先生感同身受，故以生死为题，阐明义利大理。

以义划界，一边是大写的人，一边是小写的人。

孟子说：“鸡鸣而起，孳孳为善者，舜之徒也。鸡鸣而起，孳孳为利者，跖之徒也。欲知舜与跖之分，无他，利与善之间也。”（《尽心上》）都是鸡叫便起身，忙着做好事的，是舜的同道。一心奔私利去的，是盗跖的同党。要分清二者，没有别的，就看他是与人为善还是唯利是图。朱熹做注，引程氏兄弟言：“善与利，公私而已矣。”（《孟子集注》卷十三）善是为己又为人，利是为己而损人。

战国时期，秦国围攻赵国。齐人鲁仲连在解围中出了大力，主持赵国政务的平原君赵胜想封赏他，使者三次前往，他都不肯接受。赵胜又送去千金为鲁仲连祝寿，鲁仲连笑着说：天下士人最看重的就是为别人排忧除难、调解纠纷而一无所求。如果有所谋取，就是商人的行为了！于是辞别平原君而去，终身不再相见。（《资治通鉴》卷 5）

这次解围的主角是魏国公子信陵君魏无忌。赵国向魏国求救，魏王派大将晋鄙率军前往，但按兵不动。魏无忌假传魏王命令，杀掉了晋鄙，统率大军驰援赵国，击败了秦军。为表示感激，赵王亲自到郊外迎接魏无忌。贤士唐且问魏无忌：有句话不知您是否听到过？魏无忌请他讲。唐且说：别人憎恶我，我不能不知道；我憎恶别人，不能让人知道。别人对我有恩，我不能忘记；我对

别人有恩，不可以不忘记。您对赵国有大恩，希望您能忘掉解救赵国的事。魏无忌答：我遵从您的教诲。（《战国策·魏四》）

鲁仲连、魏无忌的做法可以称得上是大写的人了，他们守住了人路的边界。

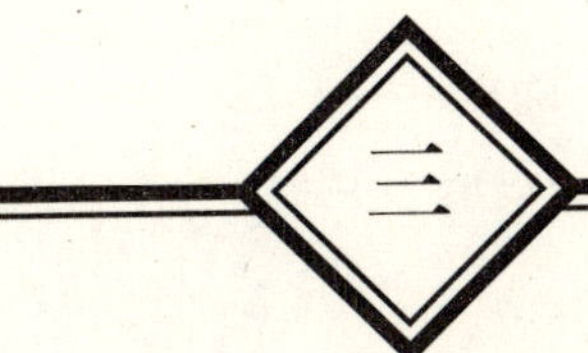

三

善政：人路的标识

（一）

民本

语录

原文——

天与之，人与之。（《万章上》）

译文——

上天赋予，民众给予。

议题 1

民心

燕国发生内乱，齐国趁机攻打燕国，大获全胜。

齐宣王请教孟子: 有人劝我不要占领燕国，又有人劝我占领它。我觉得以一个拥有万乘兵车的大国去攻打一个同样拥有万乘兵车的大国，只用了 50 天就成功了，光凭人力是做不到的。如果我们不去占领燕国，上天一定会降祸怪罪。如果我把燕国并入齐国，您看如何?

孟子回答：占领燕国而燕国民众高兴，那就占领它；类似的做法古已有之，周武王便是。占领燕国而燕国民众不高兴，那就不要占领它；类似的做法古已有之，周文王便是。以齐国这样一个拥有万乘兵车的大国去攻打燕国这样一个同样拥有万乘兵车的大国，燕国的民众却用饭筐装着饭，用酒壶盛着酒来欢迎大王您的军队，难道有别的什么原因吗? 不过是想摆脱他们处于其中的水深火热的日子罢了。如果在您的统治下，水更深，火更热，民众必将转而寻找其他出路。（《梁惠王下》）

齐国吞并了燕国，引起各国不满，诸侯们策划救助燕国。齐王有点慌，向孟子讨主意。

孟子

孟子说：我听说过凭借方圆 70 里国土就能够统一天下的，商王汤就是，却没有听说过拥有千里国土来使天下畏惧的。天下人都信任商汤。当他向东面征讨时，西面各族民众便抱怨；当他向南面进军时，北边各族民众便抱怨，都说："为什么把我们放到后头？"民众盼望他，就像久旱盼望乌云虹霓一样。为什么呢？因为商汤的征伐一点也不扰民。商人照常做买卖，农人照常下地耕作，商汤只是给暴君以战争，而给民众带来的则是抚慰，就像天上下了及时雨一样，老百姓非常高兴。《尚书》说："等待我们的王，他来了，我们就有活路了。"

如今燕国虐待它的百姓，大王前去征讨，燕国民众认为您是从水深火热中拯救了他们，箪食壶浆迎接您的大军。不想您却杀害他们的父兄，捆绑他们的子弟，毁坏他们的祖庙，掠夺他们的宝器，这怎么可以？天下本来就畏惧齐国的强大，现在齐国土地增加了一倍，却不实施仁政，所以引来各国跟您作对。大王您应该立即下令，释放被捕的百姓，停止掠夺财宝，与燕国民众协商推举新国

君，然后撤出燕国，这样做还来得及平息燕国民众和各国诸侯的愤怒。（《梁惠王下》）

齐国没有听从孟子的劝告，后来招致以燕国为首的各国联军的讨伐，差点亡国。

民心是决策的准绳。不仅大政方针和国家行为如此，具体事物亦如此。

齐宣王问孟子，怎样才能在用人上不出现失误？孟子答道：如果打算用一个人，身边的人都说这个人好，不要听；大夫们也说他好，也不要听；全国的人都说他好，经过考察，这个人确实好，这时候再任用他。打算罢免一个人，身边的人都说这个人不好，不要听；大夫们也说他不好，也不要听；全国的人都说他不好，经过考察，这个人确实不好，这时候再罢他的官。打算杀掉一个人，身边的人都说这个人该杀，不要听；大夫们也说他该杀，也不要听；全国的人都说他该杀，经过考察，这个人确实该杀，这时候再杀他的头也不迟。（《梁惠王下》）

符合民心，事情就可以办成，而且能够持久；不符合民心，等在前面的一定是失败，即使侥幸成事，也是暂时的，早晚得翻车。

议题 2
民权

万章与孟子讨论君权的来源问题。

案例是历史上的圣王尧和舜。尧是当时的最高统治者，所谓的天子。

万章问老师：尧把天下交给了舜，对吧？这是历史事实，谁都知道。不想孟子一口否认：不是，天子不能把天下交给什么人。万章这就不明白了，睁大眼睛问：可舜毕竟拥有了天下呀，不是尧给他的，是谁给他的呢？上天，孟子静静地说。是上天命令他接受吗？万章满是疑问。

不，上天并不说话，只是通过事实来决定，孟子答。万章越发糊涂了：怎样决定呢？孟子说：安排舜主持祭祀而顺利完成，表明上天接受了他；安排舜主持政务而有条不紊，表明民众接受了他。所以说，舜得到天下，是上天给他的，是民众给他的。天子并不能决定这些，因此天子不能把天下交给谁。万章望着老师，还是不大明白。

孟子解释道：舜一直顺利地辅佐了尧 28 年，这不是哪一个人的意志所能够决定的，是天意；尧去世后，舜避开尧的儿子，离开都城跑到南边去，可是诸侯不去朝见尧的儿子，偏偏去到南边朝见舜，打官司的人也不去尧的儿子那里评理，而是去找舜，这也不是哪一个人的意志所能够决定的，是天意。这样，舜才回来做天子。顿了顿，孟子加重语气道：上天通过民众来表达它的意志，正如《尚书》说的那样："天用我们百姓的眼睛来看，天用我们百姓的耳朵来听。"

噢，是这样，万章听清楚了，原来是上天通过民众选择了舜。（《万章上》）

师生二人又谈到禹。

万章的意见是，到了禹的时代道德衰落了，禹把天子的位子不是传给贤人而是传给自己的儿子启。

孟子望了学生一眼，看来万章还是没明白，便从禹继承天子大位谈起，说：舜相中禹为接班人，把他推荐给上天，这个考验期长达 17 年。舜死后，禹避开舜的儿子，远远跑到阳城，而民众也纷纷追到阳城，就像当年人们不去找尧的儿子而去找舜一样。禹效法舜，确定贤者为接班人，他选中的是益，7 年后禹去世。禹的儿子启采取了跟父亲相同的做法，远走箕山，然而朝见者和打官司的人不去益那里，偏偏去找启；歌者唱颂的也不是益而是启。不是禹选择的接班人不对，而是益做助手的时间太短，对民众实施的恩德不够。比一比禹就清楚了，禹做助手加上做天子一共执政 24 年，恩德深入民心。所以民众出于感情，宁肯相信禹的儿子，况且启很贤明，大家相信他完全能够继承禹的事业，走禹的治政道路。（《万章上》）

两次讨论，孟子的中心论点都是题头语录那句话："天与之，人与之。”（《万章上》）君主的位置或说权力，是上天赋予的，是民众给予的。朱熹注释道：“天无形，其视听皆从于民之视听。”（《孟子集注》卷九）是说，天是抽象的，最终还是由民意裁决。孟子关于民众选择的说法很有意思，他们舍近求远，去追随自己心中的君主，而把官方的权威晾在一边，拿今天的话说叫作用脚投票。这就是说，君主的权力来自民众的选择权。当然，这里的上天绝非摆设，古人真诚地信奉天。把民众视为天的耳目和代言人，视民意为天意，是借上天提升民众，可以读出天赋民权、君权民授的思想。

这实际上讲的是政权的合法性问题。

一个叫沈同的齐国大夫私下问孟子燕国是否可以讨伐。上节齐宣王与孟子对话的起因也是这件事。当时燕国的君王名子哙，受人蛊惑，将国君大位让给相国子之，引起内乱，作为邻居的齐国趁机行动。对沈同的问题，孟子的回答很干脆：完全可以。为什么？因为君权的转让是在燕国君臣之间私自进行的，根本无效。正如一个官员，看着某人挺合意，不经过国家允许，便把自己的官位转让给他。（《公孙丑下》）由于燕国的权力转移不合法，臣民不高兴，这才闹起来。既然不合法，齐国就可以替天行道，代行民意，出兵讨伐。

对于失去民众支持的君主，孟子充满了蔑视。

齐宣王问：殷商族的汤流放夏朝的天子桀，周族的武王讨伐商朝的天子纣，有这样的事情吗？桀是夏朝最后一位君主，暴虐百姓，还把殷商族的领袖汤关押起来。汤获释后，实施仁政，诸侯都来投奔他。汤起兵讨伐桀，桀逃跑了，在放逐中死去。周武

（汉画像石）桀

王讨伐纣，是汤讨伐桀的历史重演，主要情节几乎一模一样。

孟子的回答是：这两件事情文献上均有记载。

然而——齐宣王接着问：臣民杀掉他们的君主，这难道可以吗？

孟子盯着齐宣王看了片刻，答道：我只知道，违背仁爱的叫作“贼”，破坏义理的叫作“残”，而“残贼”之人叫作“独夫”。我只是听说周武王诛灭了独夫民贼纣，没有听说过他除掉了他的君主。（《梁惠王下》）

独夫民贼没资格领导民众，必须下台走人。赖着不走，民众就用革命对付他。孟子这里讲的就是儒家津津乐道的“汤武革命”。《周易》中有一卦叫“革”，组成它的上卦是“泽”，代表水；下卦是“离”，代表火。水火不容，其结果就是变革。革卦的解释说：天地由于变革而形成四季的更迭，商汤和周武王的革命顺应天意、符合民意。革命的时代意义简直太伟大了！（《周易·革·彖传》）

议题 3

民乐

民乐，民众的快乐，是孟子谈得较多的一个话题。

齐宣王在名为雪宫的离宫会见孟子。这边风景独好，宣王见孟子很是惬意，便问：贤人在如此美景中也有快乐吗？孟子答当然，接着讲了从前齐景公的一段轶事。景公问晏子：我打算出游，你说怎样做才能跟圣王相比？晏子说：古代天子的出游与政务合二为一，春天巡视耕种情况，对粮食不够吃的人给予补助；秋天巡视收获情况，对歉收的人给予补助。现在的做法不同，君王出游兴师动众，开销巨大，均由地方负担，饥饿的人得不到补助，劳苦的人得不到休息，大家侧目而视，怨声载道。到底怎么做，全凭您自己选择。景公明白了，出游前做好准备，然后驻扎郊外，打开仓库赈济贫困的人。命令乐官创作君臣同乐的歌曲，这就是《徵招》《角招》二曲的由来。其中有句歌词是："心系君主有什么不好？"

孟子讲这些是为了说明其中的一句话："乐民之乐者，民亦乐其乐；忧民之忧者，民亦忧其忧。乐以天下，忧以天下，然而不王者，未之有也。"（《梁惠王下》）君主以民众的快乐为快乐，民众便以君主的快乐为快乐；君主以民众的忧愁为忧愁，民众便以君主的忧愁为忧愁。以天下人的快乐为快乐，以天下人的忧愁为忧愁，这样还不能使天下归服的，还从未有过。

第二篇第二节曾引述过一段孟子与齐宣王的对话，齐宣王承认自己是贪财好色之徒，孟子说这没什么，“与百姓同之，于王何有？”（《梁惠王下》）同，朱熹的解释是公，共同。只要您想到老百姓也好财好色，满足自己的同时也满足他们，大家都高高兴兴，这又有什么妨害？这里的快乐也是“同”，君主向民众靠拢，叫上下同乐。

孟子听说齐宣王喜爱音乐，便向他祝贺。宣王不好意思地说自己喜欢的不过是市井俗曲之类，登不得大雅之堂。孟子说：很好，有这份兴致说明您的治政大有希望。宣王问：为什么？孟子反问道：一个人独自快乐跟与大家一起快乐，哪个更快乐？宣王答当然是大家一起快乐。孟子又问：跟少数人一起快乐与跟大多数人一起快乐，哪个更快乐？宣王答当然是大多数人一起快乐。

孟子说：好，假如大王享受音乐，钟鼓箫笛之声传到老百姓耳朵里，大家皱起眉头议论道，我们大王喜欢音乐，为什么使我们窘迫至此？父子不能相见，兄弟妻儿离散。假如大王围猎，车马喧嚣，旌旗招展，大家皱起眉头议论道，我们大王喜欢狩猎，为什么使我们窘迫至此？父子不能相见，兄弟妻儿离散。之所以这样，没有别的原因，就是因为君王不能与民同乐。如果换一种情况，大王享受音乐，钟鼓箫笛之声传到老百姓耳朵里，大家兴高采烈、奔走相告说，我们大王身体健康得很吧？要不怎么能够欣赏音乐呢？大王围猎，车马喧嚣，旌旗招展，大家兴高采烈、

（汉画像石）鹿

奔走相告说，我们大王身体健康得很吧？要不怎么能够狩猎呢？之所以这样，没有别的原因，就是因为君王与民同乐。如今大王您喜欢民间音乐歌曲，说明您开始与民同乐，所以我表示祝贺。（《梁惠王下》）

朱熹在注释中引杨氏言“乐以和为主”（《孟子集注》卷二）。与民同乐意味着上下和谐，是治政取得成功的一个标识。

忧乐以民为准的道理，孟子对魏惠王也讲过。这位魏国君王站在池塘旁边，鸿雁从天上飞过，麋鹿在地上跳跃。魏惠王问了与齐宣王同样的问题：贤人在如此美景中也有快乐吗？孟子答：恰恰是贤人才可以享受这样的快乐，不贤的人即使有这些东西，也不能够快乐。为什么呢？昔日周文王征调民众筑台开池，但民众很快乐，给高台起名“灵台”，给池塘起名“灵沼”，非常高兴他们的君主能够欣赏麋鹿鱼鳖。正由于文王的快乐建立在民众快乐的基础上，他才能够享有快乐。而夏桀就不同了，民众恨不得以自己的死来换取他的死，这样的

暴君尽管拥有台池鸟兽，能够自得其乐吗？（《梁惠王上》）

朱熹做注说：在周文王那里，老百姓虽然属于被驱策的角色，但仍旧高高兴兴地干活，打心眼儿里希望他们的劳动能够给文王带来快乐，这里的道理很简单，就是文王爱他的百姓。（《孟子集注》卷一）

只有爱民的人，只有以民众快乐为前提的人，自己才能快乐起来。

（二）

民生

语录

原文——

民之为道也，有恒产者有恒心，无恒产者无恒心。（《滕文公上》）

译文——

作为民众的道理是，拥有恒产便具备恒心，没有恒产就没有恒心。

议题 1

重生

魏惠王对孟子抱怨：我对老百姓够好的了，黄河南边发生灾荒，我把灾民迁往黄河东边，黄河东边发生灾荒，我把灾民迁往黄河南边。看看周围国家，有哪一个君王像我这么尽心尽力，然而他们的人口不见减少，我的人口不见增加，真让人想不通。

孟子说：大王您喜欢打仗，就让我用打仗做比方吧。战败了的士兵丢盔弃甲拖着武器逃跑，有的跑了上百步停下，有的跑了五十步停下。跑了五十步的人讥笑跑了上百步的人胆小怕死，您觉得如何？魏惠王嗤地一笑：没有道理，这人虽然少跑了五十步，但毕竟也是逃跑啊。问题就在这里，孟子说，所以您就不必期望魏国的人口比邻国增长得快了。其实，只要不违背农时，粮食就吃不完；不使用细密渔网捕捞，鱼鳖就吃不完；不乱砍滥伐，木材便用不完。这些东西用不完，民众的生老病死就不用操心，人口自然会增长。（《梁惠王上》）

孟子告诉魏惠王：你的问题在于喜欢打仗而不珍惜生命，轻贱生命却想使人口增长，从而使国家强大，简直是笑话。重生是儒家的一个重要观念，儒家经典《周易》说："天地之大德曰生。"

养育生命是天地最大的功德。生，不是仅仅对人的，而是包括庄稼、鱼鳖、树木在内的所有生命。重生是仁爱在生命领域的应用。

这并不意味着人的生命与其他生命等值。滕文公对滕国命运忧虑不已，一个小国要想在大国的夹缝中生存下来实在太难了。孟子给他讲了周族祖先亶父的故事。当时周族人生活在邠（bīn，今陕西彬县）地一带。这里靠近西北狄人的生活区，狄人逐水草而居，侵入邠地。周人领袖亶父为了让狄人退兵，送去皮子和丝帛，人家不收；又奉上马和狗，人家退了回来；再献上珠宝美玉，人家还是不要。怎么办？亶父召集族人说：狄人要的是土地，要守住土地就得进行战争。我听说，君子不为了养育人的东西而危害人。你们也不必担心自己没有君主，我要离开这里。说罢便离开了。大家说：亶父是仁人啊，不可以没有这样的君主。于是便一起跟在亶父的后面，南行到岐山（今陕西岐山）安顿下来。然而也有不同议论，有人说：世代居住的土地，岂能自作主张放弃，拼了老命也得守住它。讲完往事，孟子对滕文公说：两种见解，请君上您二择其一。（《梁惠王下》）

孟子的态度很明确，如果他处在滕文公的位置上，一定选择亶父的做法。正如后来的《孝经》所说"天地之性人为贵"（《孝经·圣治章第九》），人是最高价值，庄稼、鱼鳖、树木等的价值在于它们能够养人，土地也一样。只要人在，失去的可以再夺回来；如果人不在了，失去的便永远失去了。

孟子最不能容忍的是战争，因为这是杀人嗜血的勾当。他曾经对罪恶等级进行划分，从孔子批评学生冉求说起。当时冉求帮助鲁国大贵族季氏敛财，孔子断绝与冉求的师生关系，号召学生们群起而攻之。孟子说：由此可见，不促进君主实行仁政而帮助他敛财，是遭到孔子鄙弃的，就别说是帮助君主发动战争了。为争夺土地去作战，杀死的人遍布原野；为争夺城池去作战，杀死的人遍布街巷；这就叫硬让泥土吃人肉，死刑都容纳不下这种罪行。所以，好战的人应该遭受最重的刑罚，鼓吹连横合纵的人遭受次一等刑罚，破坏草场、私分土地的人遭受再次一等的刑罚。(《离娄上》)

（汉画像石）战场

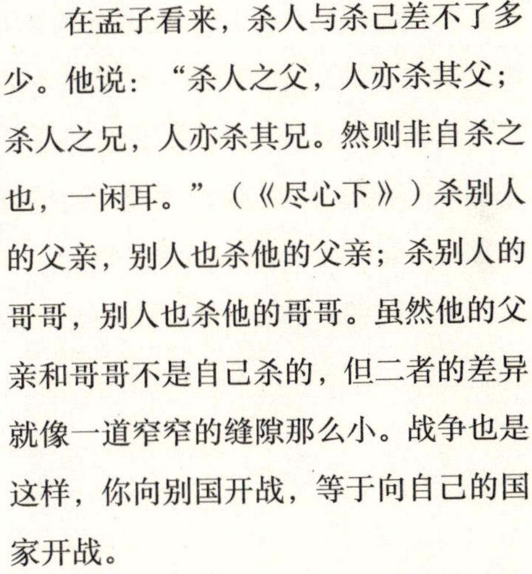

在孟子看来，杀人与杀己差不了多少。他说："杀人之父，人亦杀其父；杀人之兄，人亦杀其兄。然则非自杀之也，一闲耳。"（《尽心下》）杀别人的父亲，别人也杀他的父亲；杀别人的哥哥，别人也杀他的哥哥。虽然他的父亲和哥哥不是自己杀的，但二者的差异就像一道窄窄的缝隙那么小。战争也是这样，你向别国开战，等于向自己的国家开战。

所以当魏惠王的儿子魏襄王向孟子请教什么样的人才能统一天下时，孟子的回答是不喜欢杀人的人。魏襄王几乎要冷笑了，他眼中这样的人无异于懦夫废物，讥道：有愿意追随不喜欢杀人的君王的人吗？孟子看定对方，答：天下没有人不愿意。大王您知道禾苗的情况吗？七八月间遇上大旱，禾苗都干枯了。这时天上突然乌云密布，大雨滂沱，于是禾苗便蓬勃生长起来。这样的势头，谁能阻挡？如今各国君王，没一个不喜欢杀人。如果有一个不喜欢杀人的君王站出来，天下民众就都会伸长脖子期待他来解救。那时候民众归服他，就像大水向下奔流，如此气势，谁能阻挡？（《梁惠王上》）

并非战争才是杀人，为富不仁的政治同样在做着这样的事。孟子问魏惠王：拿木棒打人与用刀子杀人有什么不同吗？魏惠王答没有不同。孟子又问：战争杀人与为政杀人有什么不同吗？魏惠王答没有不同。孟子说：厨房里有的是精肉，马房里有的是健马，街上的老百姓却满面饥色，野外躺着饿死的人。这等于是率领禽兽吃人啊！禽兽相食，人们尚且厌恶，身为民众的父母，推行政务却跟率领禽兽吃人没有两样，还口口声声为民父母，怎么配呢？孔子说，最初发明用木偶陪葬的人，应该会断子绝孙吧！这不过是因为木偶像人罢了，那么让人活活饿死不是罪责更大吗？

议题 2
恒产

如果说重生是保证人的生命的话，那么恒产则是保证人的生活。

什么是恒产？朱熹的注释是“可常生之业也”（《孟子集注》卷一）。恒产就是维持个人及其家庭生存所必需的固定产业。

齐宣王向孟子请教，怎样才能造就强大国家，一统天下？孟子告诉他前提是使民众拥有恒产。孟子说，士人具有诸如仁义礼智等稳固的观念，这跟是否拥有恒产没关系，而民众就不同了，没有恒产就没有稳固的观念，没有稳固的观念就会任性胡闹，什么坏事都做得出来。所以圣明的君主所规定的国民产业，一定是对上足以赡养父母，对下足以抚养妻儿，丰年可以天天吃饱饭，灾年也不至于饿死人。然而可悲得很，放眼天下，现在竟找不到一个能够做到这一条的君主，不要说灾年了，就是丰年小民也难以活下去。要是大王您反其道而行之，一定能够使天下归服。（《梁惠王上》）

这话是对孔子观点的发挥。孔子说过：“君子怀德，小人怀土；君子怀刑，小人怀惠。”（《论语·里仁》）德，德行，刑，规范，属于君子的追求；土，产业，惠，利益，属于小人的追求。这里的小人指的是普通百姓。孔子还说过："君子喻于义，小人喻于利。"（《论语 · 里仁》）喻，讲明道理。对于君子，用仁义的道理引导他；对于小民，用利益的道理引导他。恒产可以说是民众最大的利益，给百姓以恒产是引领他们走上正途的关键。孟子抓得非常准。

恒产绝非笼统说法，是可以定量的。标准是 8 口之家，拥有 5 亩大的宅院和 100 亩农田。孟子说，达到这个标准，宅院中桑树喂养的蚕所生产的丝绵足够 50 岁以上的人穿得暖暖的，饲养的禽畜足够 70 岁以上的人吃上肉，一般年景下田里收获的粮食可以保证不饿肚子。

这个标准孟子对滕国使者也讲过。滕君派人向孟子讨主意，孟子告诉他应该实行古代的井田制。方圆一里为一个井田，一个井田开垦农田 900 亩，分成均等的 9 份，中间一份是公田，收获给国家交税，周围 8 份各为 8 个家庭所有，为私田。公田优先，大家做完公田的活计后方可料理私田。

孟子强调，他这个恒产主张不仅是为民众着想，也是为国家着想。"人有恒言，皆曰，'天下国家。'天下之本在国，国之本在家。"（《离娄上》）人们常把天下国家连在一起说，天下的根本在于国，国的根本在于家。朱熹引赵氏言："八口之家，次上农夫也。此王政之本，常生之道。"（《孟子集注》卷一）孟子说的拥有 100 亩农田的 8 口标准农户，是典型的小农之家，不是地主，所以称次上农夫。按现代土改时期的政策，就生产生活情况而言，大致相当于富裕中农。这样的家庭是推行善政的社

诸葛亮（清）潘锦 绘

会基础，也是民众得以过上正常生活的必备条件。

孟子认为，他这个恒产主张是大政。春秋时期郑国执政大夫子产，用自己的车子载运老百姓过河，深得好评。孟子大不以为然，说这是小恩小惠，上不得台面。朱熹也这样认为，拿诸葛亮的话做注："诸葛武侯常言，'治世以大德，不以小惠'，得孟子之意矣。"（《孟子集注》卷八）什么是大德？给民众以恒产就是最大的德。

议题 3
减负

如果说恒产是保证人的生活的话，那么减负则是使人过上好日子，让人活得有尊严。

齐宣王对周文王拥有方圆 70 里的园林羡慕不已，发牢骚说：我的园林才 40 里，老百姓就有意见了，太不公平了。孟子说：周文王的园林谁都可以进，想砍柴的进去砍柴，想打猎的进去打猎，君王与民众共享，老百姓还嫌 70 里的地界窄了呢。而您的园林呢，禁令规定

（汉画像石）猎兔

猎杀里面的麋鹿视同杀人罪，这如同设置了一个 40 里见方的大陷阱，老百姓巴望它小一些不是很正常吗？（《梁惠王下》）

跟前面的与民同乐一样，这里孟子强调的仍是同：与民同利。利益不能一人独大，应该在国民中有一个合理分配。

体现在民众负担上就是轻税赋。

税赋是君主和国家收入的主要来源。古代的税收不尽相同，各朝有各朝的做法。孟子一一做了介绍。夏朝给每个农人田地 50 亩，实行贡法；商朝给每家农户田地 70 亩，实行助法；周朝给每家农户田地 100 亩，实行彻法。贡法是专门划出 5 亩地，参照几年的收成取一个平均数值作为贡赋。这个税额是固定的，无论年景好坏，农人都必须照额上贡。助法以井田制为基础，一个井田 630 亩，平均分成 9 份，中间一份为公田，收成用于交税，其他 8 份为 8 家农户私田，收成全部归自己。助法的税额不是固定的，以年景为转移。总之是公田上的收获，年成好，交的税就多；年成不好，交的税就少。周朝的彻法其实就是助法，但把井田扩大到 8 户 900 亩。孟子不赞成贡法，因为它只考虑收税，根本不顾民众死活。丰年还好说，一旦遇上灾年，农人连来年的耕种都难以为继，却一定要保证固定税额，致使人们不得不通过借贷交税。孟子赞成助法，认为它公正，“雨我公田，遂及我私”。天降雨水，滋润公田，也滋润私田。好就好在君与民同利，国与家共惠。（《滕文公上》）

但孟子也没有完全否定夏朝的贡法，它的那个十抽一的比例就比较合理，比助法的九抽一要轻。据说周朝实际执行的比例跟夏朝差不多，因为村舍建在 100 亩公田上，建筑面积 20 亩，交税的田地只有 80 亩，算下来比十抽一还要低一点。

但也不是越低越好。魏国的相国白圭打算把税率定为二十抽一，孟子说这个办法貉（mò）国实行过。貉国（貊国）是从前北方的一个小国。孟子问：一个一万户人口的国家，只有一个人做陶器，行不行？白圭答不行，陶器会不够用的。孟子说：貉国贫瘠，国家不设职能部门，官吏很少，二十抽一便够用了。放在现在的中原国家，不设百官衙署，取消伦常秩序，行得通吗？做陶器的人太少，尚且要影响国家正常运转，何况没有管理者呢？我看能够保持什一税就很好了，低于这个标准的是大貉小貉那样的国家，高于这个标准的是大桀小桀那样的暴君。（《告子下》）

除了田税，民众还有其他负担，孟子主张一概就轻从减。

他列举了三种负担，即对生产的粮食征税（田税）、生产的布帛征税，以及征发劳役。孟子说，实行善政的君子只征用其中的一项，缓减另两项。如果有人同时征用两项的话，就会饿死人；如果三项同时都征用的话，就要妻离子散了。（《尽心下》）这实际上是自杀行为，“国之本在家”，作为国之根本的农户家破人亡，国还能维持下去吗？朱熹引尹氏言：“取之五度，则其国危矣。”（《孟子集注》卷十四）收取的税赋达到民众收入的一半，国便危险了。不幸的是，后世政权造成的民众负担往往大于这个比例，仅凭这一条就可以称之为暴政。（《孟子集注》卷十四）

孟子说这方面周文王做得就很好。他派人管理市场和关卡，但只稽查，不征税。（《梁惠王下》）现在可不是这样，纯粹是为了敛财，所以是“将以为暴”（《尽心下》）。

孟子说：只要去鼓励生产，减轻税负，就可以使民众富起来。

按照节令收取农作物，按照礼制进行消费，财富就用不完。如果谁家的柴用完了，水用光了，大晚上去敲别人家的门求助，没有不帮助解决的，为什么？因为家里的这些东西有的是。圣人治理天下，使粮食像柴和水那么多，民众哪里还有不仁爱的呢？（《尽心上》）

孟子告诉统治者：只要你尊贤使能，那么天下的士人就都会高高兴兴地来投奔就职；只要市场及储存货物的场地不征税，那么天下的商人就都会高高兴兴地前来做生意；只要关卡只稽查不征税，那么天下的旅客就都会高高兴兴地走这条路；只要耕者除了什一税之外再没有别的负担，那么天下的耕者就都会高高兴兴地到这块地上劳作；只要居住的地方没有劳役和其他税赋，那么天下的百姓就都会高高兴兴地成为这里的居民。只要真正做到这五条，不要说本国了，就是邻国民众也会把你当父母仰慕。到时候谁要想率领这些百姓攻打你，好比是率领儿子攻打他的父母，这样的事自有人类以来还从未成为事实。如此还不能使天下归服的还从未有过。（《公孙丑上》）

语录

原文——

人之有道也，饱食、暖衣、逸居而无教，则近于禽兽。（《滕文公上》）

译文——

人的道理是，吃饱了、穿暖了，生活安逸了却没有教养，仍旧跟禽兽没有根本区别开。

议题 1

人伦

孟子说：“人伦明于上，小民亲于下。”（《滕文公上》）伦，秩序；人伦即人际关系的秩序。这句话的意思是说，上面的治理者彰显人伦，下面的民众就会相亲相爱。

那么人伦应该是怎样的？孟子总结出五种基本人际关系，分别是父子关系、君臣关系、夫妇关系、兄弟关系、朋友关系，它们构成了整个人际关系的骨架。其中的秩序是：“父子有亲，君臣有义，夫妇有别，长幼有叙，朋友有信。”（《滕文公上》）用以调节父子关系的是亲爱，用以调节君臣关系的是义理，用以调节夫妇关系的是上下，用以调节长幼关系的是尊卑，用以调节朋友关系的是信用。这既是对古代人际关系实质的揭示，也是对这种关系所进行的道德义理的强化，故而称“大伦”。可以说是儒家德治思想在人际关系上的集中体现。

先看“父子有亲”。

父子之间的亲情是天生的，所谓的“天合”，牢不可破。其重心不是父慈，而是子孝。孟子给出的典范是舜，他的父亲名瞽瞍（gǔsoǔ），糊涂昏聩，给舜找了个满肚子坏主意的后妈，又生了个名叫象的贪婪愚昧的弟弟。他们三人联起手来算计迫害舜，舜几次死里逃生，这逼得他跑到野地里吁天哭诉。然而舜始终对老父一往情深，恭敬有加。后来舜娶了帝尧的两个女儿，坐上天子大位，可以说人生的所有欲望都实现了，要美色有美色，要富贵有富贵，要名声有名声，但他一点也高兴不起来，因为他不能让父母顺心。孟子说，无法让父母顺心，就像困顿的人没有归宿。（《万章上》）舜的故事其实表达的是这样一句老话：没有不是的父母，只有不是的儿女。像舜这样的儿子历史上有许多，比如东汉的薛包、王祥，唐朝的崔衍等，都是受父亲和继母虐待而痴心不改，表现得比亲儿子还亲。

父子亲情高于一切。学生桃应曾做出一个假设，瞽瞍杀了人，面临执法如山的大法官皋陶的处置，这时候舜怎么办？孟子的推测是，他将偷偷地背上老父亲逃亡，抛弃天子的位置就像是扔掉破草鞋，一直跑到荒凉的大海边上住下来，终身都高高兴兴地享受天伦之乐，把往昔掌握天下的光荣忘得干干净净。（《尽心上》）在孟子看来，孝亲是仁爱的最高表达，“仁之实，事亲是也”（《离娄上》）。仁的实质是侍奉双亲。孝亲是维持父子秩序的关键性因素。

再看“君臣有义”。

这里的义是适宜，即正名，双方各自遵循角色要求，关系就摆正了。朱熹引杨氏言“君臣以义合者也”（《孟子集注》卷八）。合，走到一起。君臣能不能走在一条道上，就看君主的了。主要有两个方面。一是尊重臣子的意见，所谓从谏如流。这样才能体现臣子的价值，因为臣子的根本职责就是矫正君主。一是尊重臣子的人格。孟子说，从前臣子因故离去，君主一定提前安排好，使他没有后顾之忧，然后礼送出境，分配给他的禄田和房舍保留3年，等他回来。做到这一步可以说是有情有义了。这让人想起《三国演义》中的刘备，谋臣徐庶离开，两人依依惜别。徐庶渐行渐远，隐入树林后面，刘备恨不得砍倒这片遮挡视线的林木。对诸葛亮更是情义有加，不仅将儿子和政务托付给他，甚至把蜀国江山交到他手上，说：你要是觉得阿斗不合适，可以取而代之。

君臣关系与父子关系不同，属于“人合”，是可以撤除的。如果君主一意孤行；不拿别人当回事，臣子就可以另择高明。如果君主无道，实施暴政，臣下就可以起来革他的命。但首先要解除君臣关系，不承认暴君是君主，就像前面“民权”一节谈到的那样，视其为独夫民贼。没有这一步，就是名不正言不顺了——对君主、上级是一定要遵从的，这是臣道。

接着看“夫妇有别”。

别，区别，两种解释。一个是内外有别，妇于室内，夫于室外。一个是地位有别，夫唱妇随。后一种解释更确切，扣紧夫妇之间的秩序。学生万章指责舜不经父母同意私自娶妻，孟子辩护道：娶妻成家是人之大伦，不可或缺。舜的父母处处刁难舜，要是禀告父母，他们一定从中作梗，舜就别想实现这个大伦，由此定然会产生愤懑，影响对父母的感情，所以舜私下采取行动。（《万章上》）由此可见夫妇关系的重要性。

夫妇跟君臣一样，属于“人合”，可以更改，就是《三国演义》中刘备那句名言“兄弟如手足，妻子如衣服”。衣服是可以换的。古代有“七出”之说（《孔子家语·卷六·本命解》）。七，七宗罪，即不顺公婆、不生男孩、淫荡、嫉妒、恶习、多嘴多舌、小偷小摸；出，逐出。只要犯有一宗，即可休妻，赶出家门了事。但也有一点小限制，前提是妻子的娘家还在。

再看“长幼有叙”。

长幼指兄弟，叙同序，兄弟之间有次序，要排出尊卑。遵从兄长是义的实质性表达，“义之实，从兄是也”（《离娄上》）。义的实质是服从兄长。这个服从建立在亲情基础上，以哥哥关爱弟弟为前提。这里的典型还是舜，虽然象不像弟弟，别说敬兄了，连毒手都敢下，但丝毫没有影响到舜的兄弟亲情，“象忧亦忧，象喜亦喜”（《万章上》）。哥哥的欢乐忧愁以弟弟为转移。兄弟与父子一样，属于“天合”，是永恒的，所谓“断了骨头连着筋”。

万章说舜当上天子后把弟弟流放了，因为象不仁爱，凡是不仁者都应该遭到这种惩罚。孟子更正道，不是流放，而是分封，让他到庳（bì，今河南道县之北）那个地方做国君。（《万章上》）北宋大儒王阳明曾写过一篇《象祠记》，讲的就是这件事。当时他遭贬龙场驿（今贵州修文县龙场镇），那里有座象的祠庙，当地的苗民和夷人把他当作神灵拜祭。这给阳明先生极大启示，说不仁不义的象在舜的感召下变成了神一样的好人，“吾于是盖有以信人性之善，天下无不可化之人也”。由此我有理由相信人性本善，只要是人就能够教育过来。从象的身上他终于知道舜为什么对象仁至义尽了，除了兄弟亲情外，还有教化的深意，舜太伟大了。

最后看“朋友有信”。

信，信任。这方面最著名的是历史上第一好友管仲与鲍叔牙。

王阳明
（清）上官周 绘

管仲人品不好，常遭人诟病。鲍叔牙虽然吃过他的亏，但每每出头为朋友辩解。两人合伙做生意，分钱时管仲拿得多，鲍叔牙不认为他贪心，说他需要钱。管仲协助鲍叔牙办事，尽帮倒忙，鲍叔牙不认为他笨，说他没赶上好机会。管仲几次做官都遭到罢免，鲍叔牙不认为他没有本事，说条件对他不利。管仲在战场上三番五次逃跑，鲍叔牙不认为他胆小，说他有老母亲需要照顾。最不能令人容忍的是，管仲政治斗争失败，别人以自杀表示气节，他却选择等待。人们说他厚颜无耻，作为政敌的鲍叔牙不这么看，反而夸奖他有见识，不因为保持小节而置自己的大志于不顾。鲍叔牙对齐桓公说：您的事业要是只在齐国一个国家上面，有我鲍叔牙就够了；要是想称霸天下，非得管仲辅佐不可。齐桓公接受了鲍叔牙的建议，他能成为春秋时期第一位霸主，靠的就是管仲。（《史记·管晏列传》）

孟子强调，朋友之间的信任是建立在平等基础上的，不能摆谱。春秋时期的晋国君主晋平公有个朋友亥唐，亥唐叫他进去就进去，叫他坐下就坐下，叫他吃饭就吃饭，即便是糙米饭就菜汤，也没有不吃饱的，因为在朋友家不敢不吃饱。（《万章下》）孟子主张，交朋友就要交水平相仿的人，你是一个乡的优秀分子，就去结交乡一级的优秀人物；你是一个国家的优秀分子，就去结交国家级的优秀人物；你是天下的优秀分子，就去结交天下级的优秀人物；要是你比天下级的还要优秀，那就去读古代圣贤的书吧，跟他们做朋友。（《万章上》）五伦中唯独朋友不分尊卑，很是特殊。

以仁义礼智信来套，父子有亲对应仁，君臣有义对应义，夫妇有别对应礼，长幼有叙对应智，朋友有信对应信。这样，应该如何处置人际关系就清楚了。有理可依，有制可循，而人们之间的秩序也就理顺了。

五伦不只是人际关系，对治政也有很大意义。孟子说：下级得不到上级的支持，不可能治理好民众。要得到上级的支持有办法，得不到朋友的信任就得不到上级的支持。要得到朋友的信任有办法，侍奉父母得不到父母的欢心就得不到朋友的信任。要得到父母的欢心有办法，自己不真诚就不能够使父母欢心。要得到真诚有办法，不明白善的道理就不能够使自己真诚。（《离娄上》）仁义礼智信就是善的道理，把这个道理真诚地贯彻到人际关系中，得到父母、朋友、上级的肯定，就可以做民众的榜样了，工作也就好开展了。

孟子相信：只要人人都亲爱自己的父母，尊敬自己的兄长，天下就太平了。（《离娄上》）

议题2

教育

儒家始终坚持一个观念，不创造良好的经济政治文化环境，等民众犯了罪便加以惩处，无异于陷害人。这也是孟子的看法。孟子力主恒产，与其说着眼的是好日子，还不如说是好人，因为有了恒产就可以建立起仁义道德的恒心。说小人怀土、怀惠、喻于利，并不意味着民众不要道义，而是以恒产为桥梁，引导人们走向成人，也就是成为人之所以为人的那个人。

这就决定了孟子政治思想的基调，或者说治国理政的基本方略，即德治。

在孔子那里，德治主要是两个内容，一个是教化，一个是正名。这两点孟子都给予充分坚持。譬如正名，“欲为君尽君道，欲为臣尽臣道”（《离娄上》）。想要做君主必须恪守为君之道，想要做臣民必须恪守为臣之道。德治由人来体现，通过官员和上层的榜样示范来实施，这一条也得到了着力阐释。说着力是因为孟子把榜样的作用集中在最高统治者君主身上。

滕国君主滕定公死了，新君派人向孟子请教如何治丧，孟子叮嘱要守孝3年。新君接受了，不想父老和百官不同意，嫌太长，说这跟我们祖上传下来的习俗不一样。新君再次派人去见孟子，稍回来的话是：“上有好者，下必有甚焉者矣。‘君子之德，风也；小人之德，草也。草尚之风必偃。’”上面的人有什么喜好，下面的人一定会喜好得更厉害。执政者的言行举止就像是风，老百姓的表现就像是草，风吹过来，草一定顺着倒下去。这句话几乎是对《论语 · 颜渊》中孔子言论的复制。孟子告诉新君，只要你这个做君主的坚持，新风自然会树立起来。果不其然，经新君示范，大家渐渐改变了态度。（《滕文公上》）

孟子强调说：“君仁莫不仁，君义莫不义，君正莫不正。一正君而国定矣。”（《离娄上》）君主行仁，没有人不行仁；君主行义，没有人不行义；君主端正，没有人不端正。人人都统一于君主的端正，国家就安定了。其中的“君仁莫不仁，君义莫不义”在《离娄下》又讲了一遍。为了保证君主走正路，孟子要求臣子拿出勇气，“格君心之非”（《离娄上》）。格，匡正。意思是说把君主走偏的心念纠正过来。

孟子同时也看重父兄的示范作用，他讲孝亲、敬兄，一半是为了通过权威的树立来推行教化。他说：“中也养不中，才也养不才，故人乐有贤父兄也。”（《离娄下》）言行中庸的人影响言行偏差的人，才能卓越的人影响才能不足的人，所以人们都以具有贤良的父亲和兄长为幸事。朱熹做注道：“乐有贤父兄者，乐其终能成己也。”（《孟子集注》卷八）为什么引以为幸？因为有益于“成己”，也就是可以促进自己在成人道路上发展。

那么孟子在德治思想上是否有新的贡献呢？回答是肯定的，最明显的就是突出教育的作用。

滕文公向孟子请教治国道理，孟子从历史谈起，借鉴的是夏商周三代的经验。谈完恒产和减负，孟子转到教育上，告诉滕文公：三代都设立了专门的教育机构。这些机构分别叫作庠（xiáng）、序、学、校。庠，意即培养；校，意即矫正；序，意即排列。校是夏代的叫法，序是商代的叫法，庠是周代的叫法，学则是三代共同的名称。设置这些机构的目的，就是通过教育使人明白人伦道理。（《滕文公上》）

（汉画像石）学习

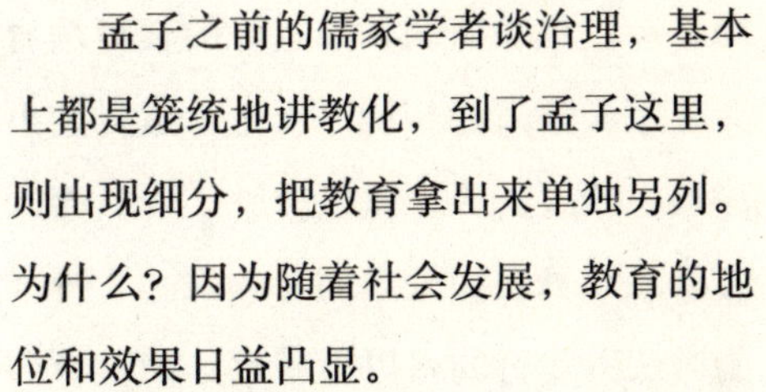

孟子之前的儒家学者谈治理，基本上都是笼统地讲教化，到了孟子这里，则出现细分，把教育拿出来单独另列。为什么？因为随着社会发展，教育的地位和效果日益凸显。

教育的优势在哪里呢？孟子拿行政与教育相比较。

他说：“仁言不如仁声之入人深也，善政不如善教之得民也。善政民畏之，善教民爱之；善政得民财，善教得民心。”（《尽心上》）好的文字不如好的声音更能感动人，好的行政不如好的教育更为民众接受。好的行政使人畏惧，好的教育使人喜爱；好的行政获得的是财富，好的教育获得的是人心。朱熹在注释中说："政，谓法度禁令，所以制其外也。教，谓道德齐礼，所以格其心也。"（《孟子集注》卷十三）行政以法律和政令开路，尽管出于善意，也让人害怕，因为跟在后面的是惩罚，所以人们对其敬而远之，它的作用是外在的，只是制约人的行动。教育则不同，它以道德和礼制为核心，匡正的是人心。

在治理手段上，行政靠的是法律和政令的推行，教育靠的是道德和礼制的输送。在治理对象上，行政作用的是外部行动，教育作用的是内在精神。由于手段、对象不同，效果也就不同。"以善服人者，未有能服人者也；以善养人，然能服天下。天下不心服而王者，未之有也。"（《离娄下》）通过好的行政去收服人，尚未有过成功事例；通过好的教育培育人，则能够收服天下。不能收服天下人心却统一天下，这样的事情还从来没有过。朱熹做注道："服人者，欲以取胜于人；养人者，欲以同归于善。盖心之公私小异，而人之向背顿殊。"（《孟子集注》卷八）收服人的做法，实行的是以力服人；而教育的做法，走的则是使所有人同归于善的道路。前者出于私利，后者立于公益，所以人心向背大不相同。一心想服人的，服不了人；不想服人的，却能服人。

在治理的各种方式中，教育第一。

议题 3
社会

孟子承认社会差别。当时有人主张取消差别，并且身体力行。孟子的评价换成现在的俗话，三个字：瞎胡闹。在他看来，事物之间的差别是由它们本身的情况决定的，很正常，抹平差别“是乱天下也”（《滕文公上》）。朱熹解释说：孟子的意思是差别乃“自然之理”（《孟子集注》卷五）。

譬如，存在着治理者和被治理者的差别。前者叫大人、劳心者，后者叫小人、劳力者。“劳心者治人，劳力者治于人；治于人者食人，治人者食于人，天下之通义也。”（《滕文公上》）他们的差别是通行天下的法则。

具体到被治理者，成员也不一样。住在城市的叫“市井之臣”，即市民；住在乡下的叫“草莽之臣”，即草民；统称“庶人”。（《万章下》）草民还可以再分，按其养活的人数，分为上、上次、中、中次、下。（《万章下》）

治理者也不一样，分为君主、大夫、士人三大阶层，每一阶层还要分出等级。君主中，天子最高，下面分公、侯、伯、子、男，他们是诸侯国的国君，而天子则是共主。大夫中，分卿大夫、大夫。

士人中，分上士、中士、下士。（《万章下》）

古代是等级社会，处处强调差别，就连感情也打上了这一烙印。墨家主张抹杀爱的差别，一个称夷子的墨家弟子就这样说。话传到孟子耳朵里，说：这个夷子真的认为人们爱哥哥的孩子跟爱邻居的孩子一个样吗？天生万物，每物只有一个根本，而夷子却认为有两个根本。接着孟子从丧葬起源来论述爱的不同。最初死人是不埋葬的，丢进山沟了事。亲人路过，望见狐狸撕咬尸体，上面爬满了苍蝇，额头上的汗顿时冒了出来，眼睛赶紧避开，不敢正视。心里老大不落忍，便抱些藤蔓野草树枝盖在上面，丧葬就是这样来的。（《滕文公上》）孟子的意思是，如果看见的是不相干的人的尸体，就不会如此震动，说明爱的感情是不一样的。朱熹补充道："故其爱由此立，而推以及人，自有差等。"（《孟子集注》卷五）爱就是这样被意识到的，然后推己及人，这才有了对他人的爱，所以爱分差别等级。

有差别就有矛盾，就可能走向对立，那么在一个等级社会中如何保持和谐呢？

孔子的办法是将差别严格控制在合理范围内，所谓"不患贫而患不均"。均可以说是平均，也可以说是合理，守住各自在礼制中的位置和所得，就是合理。这也是孟子的主张。

鲁国君主鲁缪公几次拜访子思，提出跟他交朋友，子思很不高兴。前面说过，朋友关系的要义是平等，国君与士人地位悬殊，子思严守等级，所以觉得鲁缪公的做法真是有些荒谬。孟子就是这样看的，说当时子思的心理是：以地位论，你是君主，我是臣子；以道德论，我可以做老师，你只能做学生，差别摆在那儿，怎么

子思

做朋友？（《万章下》）恪守各自位置所形成的和谐是制度的和谐。孟子要维持这个制度。

和谐还来自互补。互补是由事物本身所具有的差别决定的，差别必然带来互补。

学生彭更有个观点，士人不可以不劳而食。孟子说：这不叫不劳而食，应该叫互通有无。如果大家消费的都是自己的产品，那么好了，农夫种出的多余粮食给谁吃？妇人织出的多余布匹给谁穿？正是互通有无，木匠、车匠才有饭吃，其他人也才有车坐。（《滕文公下》）互通有无就是和谐。

学生公孙丑也认为士人不应该白吃饭。孟子说：士人可不是光吃饭不干事。他干的是大事，如果君主用他，他发挥治理才干，君主就能得到安定，拥有财富，受到尊敬，享受荣光；如果人们跟从士人学习，就可以成为孝亲、敬兄、忠诚、守信的人才。我问你，是种地的贡献大呢还是治理的贡献大？（《尽心上》）士人不光不是白吃饭，而且对社会的作用远远超出种粮人。

所以士人一定要充分发挥自己的优势，在治理上多做贡献。比如办学，可以从多方入手，有的重点是速成，有的专攻品德，有的是提升才能，有的主要是解答疑惑，还有的是私下传授。(《尽心上》）再如，榜样示范，伯夷、柳下惠这类高士的效用就很大。听说了伯夷风骨的人，贪婪者也会变得廉洁，懦弱者也会长志气。听说了柳下惠风骨的人，刻薄者也会变得敦厚，浅薄者也会变得宽宏大量。（《尽心下》）

这也是互补，士人提供管理、教育，农人提供粮食，双方互通有无。朱熹的注释是："君子无小人则饥，小人无君子则乱。"（《孟子集注》卷五）治理者离开被治理者就会饿肚子，被治理者离开治理者就会陷入混乱，谁也离不开谁。

差别其实是社会分工，分工带来进步，造就和谐。

议题 4

尊老

尊老是孝亲的放大，在家庭领域中是孝亲，把这一准则移到社会领域就是尊老。尊老与孝亲一样，反映了农业社会对经验的推崇，而老人正是经验的代表。所谓越老越值钱；不听老人言，吃亏在眼前。

尊老是善政的一个目标。

孟子讲过这样一件事。商朝末，伯夷为了躲避纣王暴政，跑到北海边躲起来，听说周族领袖姬昌（后来被尊为周文王）兴起，便说为什么不去归附他，传说他是一位敬老养老的人。姜太公为了躲避纣王暴政，跑到东海边躲起来，听说姬昌兴起，便说为什么不去归附他，传说他是一位敬老养老的人。于是伯夷和姜太公千里迢迢地赶去投奔姬昌。孟子说："天下有善养老，则仁人以为己归矣。"（《尽心上》）天下哪个人敬老养老，那么追求仁爱的人便把他视为自己的归宿。尊老并非仅仅是为了老人一族，而是为政的一个符号，它代表的是善政。所以归顺姬昌的不光是老人，还有青年和壮年。

在这里，老人的态度具有带动作用，老人的选择具有示范作用，因为他们是家长。按照孟子的说法，伯夷和姜太公二人是天下“大老”，德高望重，相当于天下人的父亲，他们的归附具有天下人的父亲归顺的意味。天下人的父亲都归顺了，他们的儿女能不归顺吗？（《离娄上》）尊老是福利，更是政治。

尊老也是善政的一个标准。

孟子论述民生，提倡恒产，一个参数就是老人能否吃饱穿暖。他说：5 亩大的宅院，墙下种植桑树，妇女养蚕，老人就可以穿上丝帛了。养 5 只母鸡，2 头母猪，按时喂食，老人就可以吃上肉了。孟子强调，所谓姬昌善于尊老，就在于他制定了田亩制度，推行桑蚕和饲养，教导民众敬老养老。50 岁的老人不穿丝帛便感觉不到暖，70 岁的老人不吃肉便感觉不到饱。吃不饱、穿不暖叫作忍饥受冻，而姬昌治下没有这种现象。（《尽心上》）为什么说姬昌是圣王？又为什么说他的治理属于王道、善政？一个重要根据就是老人能够吃饱穿暖。老人都能活得幸福舒心，青壮年又能差到哪里去？

（汉画像砖）养老

尊老作为善政的目标和标准，决定了它在治国理政中的重要地位。孟子把尊老作为一项基本国策而加以强调，他说："老吾老，以及人之老；幼吾幼，以及人之幼。天下可运于掌。"（《梁惠王上》）孝敬自己的长辈，由此推及孝敬别人的长辈；爱护自己的孩子，由此推及爱护别人的孩子。这样去做，治理天下就像在手中运转玩物那么简单。抓住尊老这个把手，治国平天下易如反掌。

孟子的这个说法极大影响了治理实践。历朝历代都把尊老视为一项国策，不是说一说，而是落实到制度上，养老礼便是其中的一个具体环节。

从周朝起，国家便有养老礼，主角是"三老"。这是一种尊称，也是一个职位，由德高望重的老人担任，掌管教化。汉代以后，从中央到县乡都设置"三老"，他们代表天下老人。举行养老礼时，天子亲自拜见国家一级的"三老"，聆听教诲。

东汉明帝时，经过王莽时代的大乱，天下初安，明帝便举行养老礼，尊李躬为国"三老"。明帝用安车把李躬接到太学讲堂，自己站在门屏处迎接，互相行礼。李躬登堂，面向东方，由品级最高的官员侍候，三公摆设几案，九卿将他脱下的鞋子放正。明帝亲自卷起衣袖切割祭肉，捧上酱汁请他享用，手执酒爵向他敬酒，先祝进餐时牙齿能嚼动饭菜，再祝吞咽时不噎食。仪式结束后，明帝赐予全国的"三老"每人1石酒、40斤肉。（《资治通鉴》卷44）

北周武帝尊于谨为"三老"，在太学举行仪式。前面的程序跟汉明帝的做法一样，之后周武帝面北而站，请教治国理政的道理。于谨回答：木材经过墨线校正才能够平直，君主听从劝谏才能够圣明。圣明的君主虚心听取劝谏就可以知道得失，由此天下才能够安定。又说：可以失去粮食，失去军队，但不能失去信用；希望陛下坚守信用而不丢失。还说：有功必赏，有罪必罚，那么做好事的人就会一天天多起来，做坏事的人就会一天天少下去。最后说：言论和行为，是立身的基础，希望陛下三思以后再说话，九虑以后再行动，千万不要出现过错。天子有了过错，就像日食和月食，没有人不知道，希望陛下慎言慎行。（《资治通鉴》卷169）

三公九卿服侍，皇帝奉肉敬酒，恭恭敬敬地聆听教诲，充分表达了敬老国策。

老人好，天下安。

（四）

王道和霸道

语录

原文——

保民而王，莫之能御也。（《梁惠王上》）

译文——

为了民众而去统一天下的事业，没有什么力量能够阻挡。

议题 1

王道

王道，王，圣王，以尧、舜、禹、商汤、周文王、周武王为代表的英明统治者；道，道路、道理。王道就是圣王的治国理政实践及其理论。

这种实践和理论可以概括为三个字：民、仁、义。

民，用一句话来说明，叫重民生，得民心。

人的一生无非是生老病死。孟子说："养生丧死无憾，王道之始也。"（《梁惠王上》）让民众在生老病死上没有遗憾，是王道的起点。这是最大的民心，朱熹的注释是："王道以得民心为本，故以此为王道之始。"（《孟子集注》卷一）

中国向有五福之说。公元前 1046 年，周武王汇合各路诸侯革了暴君商纣王的命，建立周王朝，两年后造访商朝名臣箕子，请教治国之策。箕子讲了九条，说是上天赐给夏朝开国君主大禹的，儒家经典《尚书》把这九条称作"洪范"，意为最大的治国范式。其中最后一条叫"五福"，即"一曰寿，二曰富，三曰康宁，四曰攸好德，五曰考终命"。译为白话是，一寿命，二富裕，三康宁，四美德，五善终。箕子强调，只要给民众这五项福分，就会

箕子

得到他们的爱戴，政令就能够畅通，江山就能够持久，否则一定会像商纣王那样卷铺盖走人，最终落得国灭人亡的下场。五福是生老病死的焦点，也是王道的抓手。

齐宣王请教什么是王政。孟子说：从前周文王治理岐山的时候，对农人实行九抽一税率，对官员给予世代承袭的俸禄。关卡和市场只稽查，不征税。湖泊放开，谁都可以去捕鱼。惩罚罪犯不牵连亲属。特别注意照顾鳏寡独孤。失去妻子的老人叫鳏夫，失去丈夫的老人叫寡妇，没有儿女的老人叫独老，失去父亲的孩童叫孤儿。这四种人是天下困苦无靠之人，周文王实行仁政的措施，最先考虑的一定是他们。《诗经》唱到：富人过得好，可怜无靠人。齐宣王赞道：说得好啊！孟子道：大王觉着好，为何不实行呢？（《梁惠王下》）

通篇都是民生，话不长，内容很丰富，生老病死、寿富康德、命都涉及。由于王道解除了民众的后顾之忧，“王者之民，皞皞如也”（《尽心上》）。皞（hào），明亮。王道下的民众，明朗大气。孟子说他们吃亏而无怨恨，得利也不感激，日益向善却不去深究为什么会是这样，一切都自在得很。朱熹这样注释:“王道之所以为大。”（《孟子集注》卷十三）要不怎么说王道为大呢。用孟子的话总结，叫“保民而王”（《梁惠王上》）。保障民生者为王。

仁，用一句话说明，叫行仁爱，推善政。

齐宣王对实行仁政没信心，担心地问：像我这样的人也能安抚民众吗？孟子的回答是当然能够，说：有一回您看到一头用于做祭祀的牛，吓得浑身打哆嗦，您下令用羊来代替，这说明您有同情心，有这份仁爱就好，完全可以安抚民众。（《梁惠王上》）

魏国原本是一等一的强国，惠王这一代不行了，受够了两个强大邻居秦国和楚国的夹板气，特向孟子请教如何才能扬眉吐气。孟子告诉他，不用多，只要有方圆 100 里土地就可以统一天下，但前提是“施仁政于民”。具体措施是，减免刑罚，少征赋税，精耕细作，及时除草。教育青壮年抽出时间专门修养孝亲、敬兄、忠诚、守信的品德，在家服侍父母兄长，出门事奉长辈和上级。这样即便他们拿的是木棒也可以抗击那些秦国和楚国身披铠甲、手持利器的士兵。秦国和楚国的情况就不同了，民众遭到剥夺，无法精耕细作，不能赡养父母，致使双亲挨饿受冻，兄弟妻子离散，百姓陷入苦难。这时候大王去征讨他们，谁能够抵挡呢？（《梁惠王上》）

孟子给出的措施实际上是两个方面，一是发展生产，一是开展教育，均属善政。只要坚持做下去，尽管不像秦国和楚国那样穷兵黩武，最终也可以战胜他们，因为他们不得人心。

仁者得天下是铁律，为历史一再证实。孟子说：夏、商、周三个朝代获得天下是因为实施仁爱，而失去天下则是因为背离仁爱。国家的兴废衰亡无不如此。天子不仁爱，不能保有四海。诸侯不仁爱，不能保有社稷。卿大夫不仁爱，不能保有宗庙。士人和庶人不仁爱，不能保有身家性命。（《离娄上》）

孟子肯定地说："师文王，大国五年，小国七年，必为政于天下矣。"（《离娄上》）只要效法周文王，大国不出 5 年，小国不出 7 年，管保可以在天下行使政权。"夫国君好仁，天下无敌。"（《离娄上》）

义，用一句话说明，叫守道义，匡天下。

区区小国也能一统天下？学生万章不相信。孟子给他讲了商汤王起家的故事。当年商也是小国，方圆不过 70 里，位于亳地（今河南商丘），与葛国为邻。葛国君主无道，不祭祀祖先。汤派人问他为什么不祭祀，葛君答没有用于祭祀的牲畜。汤给他送去牛羊，被葛君吃掉了。汤又派人询问他为什么不祭祀，葛君答没有用于祭祀的谷物。汤派亳地民众给他耕种。老人和孩子去送饭，葛君带人拦路抢劫，杀死一个小孩子，抢走了米饭和肉。汤出兵讨伐，四海之内都说，汤的行动不是贪图财富而是为百姓报仇。以葛国为起点，商开始东征西讨，总共用兵 11 次，无敌于天下。他的军队向东，西边的夷人埋怨，他的军队向南，北方的狄人埋怨，都说为什么把他们放在后面？民众盼望他就像大旱盼望雨水。汤的军队不扰民，所到之处，赶集的照常做买卖，种田的继续耕耘。（《滕文公下》）

守道义也表现在国家关系上。魏国的相国白圭夸口道：我治理水患比大禹高明。孟子说：你错了。大禹治理水患，是顺着水的本性进行疏导，从而将水引入四海。而你呢，却把水引向邻国那里去。水逆流而行叫作洚水，洚水就是洪水——这是仁人最为厌恶的事情。你错了。（《告子下》）

仁者爱人守义，但不等于不诉诸武力。商汤，还有后来的周武王，都是通过武力实现改朝换代的，在他们那里武力是维护道义、匡正天下的必要手段。由于用兵是出于公心，即便被征讨的是自己的国家，民众也真心拥护，坚决站在正义一方。

正义的战争由于是仁者的行动，绝不会像非正义战争那么残忍。《尚书》有《武成》一篇，记载的是周武王与商纣王的决战，其中有句话“血流漂杵”。孟子说：盲目相信书，还不如不看书，对于这一篇的内容，他只相信两三页竹简而已。周武王是仁者，“仁人无敌于天下”，以周武王的“至仁”去对阵商纣王的“至不仁”，怎么可能出现鲜血浮起木棒的惨烈场景呢？（《尽心下》）朱熹说，其实书中的意思是商族人临阵倒戈，他们自己相拼，杀得血流成河。孟子诘难是担心这个描写助长后人的不仁之心。（《孟子集注》卷十四）用心至此，仁者也。

王道是为民之道、仁义之道。

议题 2

霸道

霸道，霸，春秋五霸，指春秋时期先后称霸的五个诸侯，至于哪五个，说法不一，齐桓公、晋文公、楚庄王这三位没有分歧，另两位一说是秦穆公、宋襄公，一说是吴王夫差、越王勾践；霸道就是以五霸为代表的统治者的治国理政实践及其理论。

霸道的根本特征是比拼以武力为主，以财力等力量为辅所构成的实力。

史书记载了一次争霸过程。那是公元前 482 年，吴王夫差亲率大军北上，征讨齐国，与晋国叫板。他半夜开始行动，排出三个方阵。每个方阵 100 列，每列 100 名士兵，以士人打头，每个方阵 1 万甲兵。其中 10 列为一个板块，由一名下大夫统领，树旌旗一面，一个版块 1000 名甲兵；10 个板块就是 10 名指挥官，10 面旌旗。方阵的统领是将军，树日月旗。三个方阵三种颜色。中军为白色，士兵着白裳、披白甲、背盛放白色尾羽箭的箭囊，旗帜也是白色的，望过去像盛开的白茅草花。左军为水红色，像熊熊燃烧的火海。右军为全黑，像翻滚着的汪洋。雄鸡高唱，列队完毕。天蒙蒙亮，晋军大营隐约现出轮廓，吴国大军与晋军大

（汉画像石）战神蚩尤

营相距仅仅一里。天将大亮，吴王夫差亲自鸣钟擂鼓，在军乐的伴奏下，全军将士齐声呐喊，雷鸣般压下来，方阵向前移动，大地颤抖。晋军胆寒，不敢应战，尊夫差为盟主。（《国语·吴语》）霸道凭力量说话，谁的兵力强盛谁就是霸主。

强者为霸决定了实行霸道的首要条件是大国。孟子说：“以力假仁者霸，霸必有大国。”（《公孙丑上》）依靠实力并且借助仁义方可称霸，故而行霸道的必须是大国。这与王道不同，行王道跟国家大小没有关系，只要重民行仁义就可以了。当初商汤王的国家只有方圆 70 里，周文王的国家稍大一点，也不过方圆 100 里。再看看五霸以及试图走霸道之路的国家，哪个不是至少占有上千里土地，它们之所以能够拥有广阔国土完全是因为不断扩张，扩张是其本质。由此也就有了孟子那句名言：“春秋无义战。”（《尽心下》）

然而争霸并不是一两个人的游戏，是要大家一起玩的。孟子讲得很清楚：“五霸者，搂诸侯以伐诸侯者也。”（《告子下》）搂，拉拢。五霸是拉着一部分诸侯去征讨另一部分诸侯。所以光有武力并不够，还必须具备足够的号召力，就是所谓的“假仁者”。打出仁义旗号，这样大面上才过得去，才有人跟它走，对手也才说不出什么。夫差跟晋国叫板，理由就是晋国身为盟主却不去为周王室分忧，坐视各诸侯国不缴纳贡品，任由夷狄势力做大。

假不是假仁假义，而是凭借，是一定要实行的，不管主观上怎么想，客观上必须去做。我们来看看孟子笔下的齐桓公是怎么做的。他在葵丘（今河南兰考、民权）多次召集诸侯开会。第一次盟会，通过的宣言是“诛杀不孝，不轻易变更作为储君的太子，不把妾扶正为妻”。三条围绕的是一个主题，即保持政权的稳定。第二次盟会，宣言是“尊敬贤能，培育人才，表彰有道德的人”。围绕的主题是教化。第三次盟会，宣言是“尊敬老人，慈爱孩童，不怠慢宾客旅人”。主题是社会风气。第四次盟会，“士人的官位不世袭，不得兼职，从士人中选拔官员不动摇，不得一意孤行杀戮大夫”。主题是官员队伍建设，注意以新兴的士人阶层弥补传统的贵族大夫。第五次盟会，“不得随意修坝筑堤，不得禁止互相采购粮食，不得封爵而不上报”。主题是国家关系，国家之间不能以邻为壑，也不能建立贸易壁垒，封爵应上报周天子，尊重他的权威。（《尽心上》）这五条没有一条不在理，都是仁义的体现。虽然五霸的仁义未必出于实意，但说着说着自己也就信了，真的以仁义为导向匡正天下，为诸侯立规矩。

为此孟子说：五霸是尧舜禹三王的罪人，因为他们背弃了王道；诸侯是五霸的罪人，因为他们背弃了五霸的规矩；大夫是诸

侯的罪人，因为他们帮着诸侯作恶。（《告子下》）

由于有霸主罩着，规矩管着，霸道治下的民众还是欢娱的。但由于这个秩序毕竟建立在实力基础上，不能从根本上解决人心问题。“以力服人者，非心服也，力不赡也。”（《公孙丑上》）诉诸力量的压服，带不来心服，别人之所以服从是因为力量不够罢了。

孟子不喜欢霸道。齐宣王请孟子讲一讲齐桓公、晋文公的霸业，被孟子一口回绝了，说：孔子的弟子们没有谈过二人的霸业，当然也就没有传给后人，我无从谈起。（《梁惠王上》）朱熹引董仲舒的话说：“仲尼之门，五尺童子羞称五霸。为其先诈力而后仁义也。”（《孟子集注》卷一）孔门中五尺孩童羞于谈论五霸，因为他们靠的是诈术和武力，之后才倡导仁义。

五霸功业辉煌，但毕竟有限。孟子说：“不仁而得国者，有之矣；不仁而得天下，未之有也。”（《尽心下》）不仁爱而获得国家的人有，但不仁爱而获得天下的人还没有。朱熹补充道，即便统一了天下，也传不下去。这里最有说服力的是秦朝，只传了两代皇帝，短短 15 年就崩溃了。

霸道是实力之道，意味着强制和战争。

（五）善政的地位及其对人路的意义

语录

原文——

仁者无敌。（《梁惠王上》）

译文——

仁爱的人没有敌手。

议题 1

善政的地位

善政是孟子最重视也是论述最着力的一个问题。善政是一种治国理政模式，与之相同的词汇还有仁政、王政、王道等。我们之所以选择善政一词，是因为它更能体现孟子思想的特色，与性善相对应。

这种为政模式，在孔子那里称德政，突出的是以德治国，在孟子这里称善政，突出的又是什么呢?

是民众。这是孟子对儒家为政理论的最大贡献，也是他对后世最具影响力的思想观念。

东汉末年，曹操统帅大军进攻荆州，驻军樊城的刘备率众撤离。跟随的人有十几万，还有辎重车几千辆，每天只能走十多里地。有人劝刘备甩掉包袱轻装行动，刘备答："夫济大事必以人为本，今人归吾，吾何忍弃去！"成就大业的人一定把人作为根本，如今百姓追随我，我怎么忍心抛弃他们而去?（《资治通鉴》卷 65）隋朝末年，河西发生饥荒，出现人吃人的惨剧，当地官员就是否动用府库粮食救灾展开讨论。曹珍等人主张开仓放粮，理由是："国以民为本，岂可爱仓粟而坐视其死乎！"国家以人民为根本，怎么可以舍不得仓库中的粮食而眼睁睁地看着民众饿死呢！（《资治通鉴》卷 186）唐朝宪宗时，天灾频发。宪宗疑心下面夸大灾情。经宰相李绛分析，宪宗明白过来，说：“卿言是也。国以人为本，闻有灾当亟救之，岂可尚复疑之邪！朕适者不思，失言耳。”你讲得对啊。国家以人为根本，一旦听说灾情发生，应该全力赈济灾民才是，怎么可以纠缠于是否够得上灾情这一问题而犹豫迟疑呢！我刚才说的话有欠深思，是我失言了。（《资治通鉴》卷 238）

唐宪宗

善政可以概括为四个字：以民（人）为本。

以民为本是性善观在治国理政领域的集中体现。就治理者而言，主要是两点。一点是民众是善的，完全应该为他们办事。民众很通情达理，“以佚道使民，虽劳不怨；以生道杀民，虽死不怨杀者。”（《尽心上》）为了民众的安逸而使用他们，尽管苦重，他们也不会口出怨言；为了民众的生存而让他们做出牺牲，即便去死，他们也不会心生怨恨。治政从根本上就是信任民众。一点是治理者本身也是善的，具备同情心，完全能够为民众办事，治政就是把同情心发挥出来。

把同情心发挥出来，为民众办事，必须落实在民生上面。民生千头万绪，什么问题最大？吃饭穿衣问题最大。

楚汉相争，汉王刘邦处于劣势，打算放弃对成皋以东地区的争夺。郦食其劝道：我听说懂得天上之天道理的人，帝王的事业可以成功。天上之天？听着让人费劲儿。郦食其解释道："王者以民为天，而民以食为天。"成就王业的人把民众当作天，而民众则把粮食当作天。成皋以东的敖仓是天下粮食集散地，储存的粮食非常多，大王您却退出，我敢说这是一大错误！楚汉两雄相持的局面不可能长久继续下去，它造成海内动荡，男人不耕作，女人不织布，民心惶惶不知所归，所以您应该立即进兵，占领敖仓。（《资治通鉴》卷 10）郦食其的意思是掌握了粮食也就有了获取民心的资本。刘邦接受了这一建议，夺取了敖仓，为击败项羽奠定了基础。

三国时，魏明帝伐蜀。双方对峙，阴雨绵绵，将士苦不堪言。太尉华歆主张退兵，上书魏明帝说：陛下坚持为政以德，希望您把精力集中在国内治理上，把征伐之事放在后面，"为国者以民为基，民以衣食为本"。执掌国家政权的人以民众为基础，而民众则以衣食为根本。如果我们魏国能够消除饥饿寒冷，百姓对上边就不会离心离德；对外我们又采取观望态度，吴国与蜀国之间一定会发生争斗，那时我们就可以坐收渔利。魏明帝接受了这个建议，下诏回军。（《资治通鉴》卷 71）

那么怎样才能保证民众衣食无忧？孟子的办法是推行恒产，

有了能够生产粮食和桑麻的土地，再加上实行减负政策，民众便可以自己解决温饱问题。民众衣食无忧，天下就安定了，政权也才能稳定下来。

所以孟子一再向统治者建言，善政是最好的为政模式。

一个名浩生不害的人问孟子什么叫作善，回答是“可欲之谓善”（《尽心下》）。欲，需要；可欲，可以满足需要。意思是，符合需要的就是善，就是好。善政不只符合民众的需要，也符合统治者的需要，具有最大普遍性。以善来作为这种为政模式的前缀，可谓名副其实。

为政是人的一项重要活动，在为政的各种模式中，善政与人性最为契合，所以我们说善政是人路的标识——代表那种始终坚持人性的政治。

议题 2

善政对人路的意义

善政是治国理政领域的人路。孟子关于善政的论述，对坚持这条道路具有指导性意义。主要是两条，一条是确立民本意识，一条是建立和谐的官民关系。

所谓确立民本意识，就是把民众放在首位。

我们看孟子的三句话，都是名言。一句是："天时不如地利，地利不如人和。"（《公孙丑下》）对于人和，朱熹的解释是"得民心之和也"（《孟子集注》卷四）。孟子以战事为例，两两相比。先比天时与地利。一座小城占据地利，敌人从四面围攻它，怎么也攻不破，这里有天气和时机的原因；但在那么长的时间里，天时总有对攻城有利的时候，但还是无法取得进展，说明天时不如地利。再比地利与人和。一座小城占据地利，城高池深，兵器锋利，甲胄坚固，粮草充足；然而人心动摇，守城者逃跑了，城池沦陷，说明地利不如人和。天地人，人的因素第一。

第二句是："诸侯之宝三：土地、人民、政事。"（《尽心下》）掌握国家的诸侯有三样东西最为宝贵，即土地、人民、政事。三宝中谁最重要？这里土地排最前，代表了当时诸侯们的共同认识，他们的一切活动，军事的也好外交的也罢都是围绕国土扩张展开的。孟子认为这是本末倒置，于是便有了第三句话：“民为贵，社稷次之，君为轻。”（《尽心下》）人民最贵重，国家政权跟在其后，最后才是君主。为什么这样排列？朱熹的注释是：“盖国以民为本，社稷亦为民而立。而君之尊，又系于二者之存亡，故其轻重如此。”（《孟子集注》卷十四）民众是国之根本，国家因民众而建立，君主的地位取决于民众和国家，所以才有这个位序。

所谓建立和谐的官民关系，关键是端正对民众的态度。

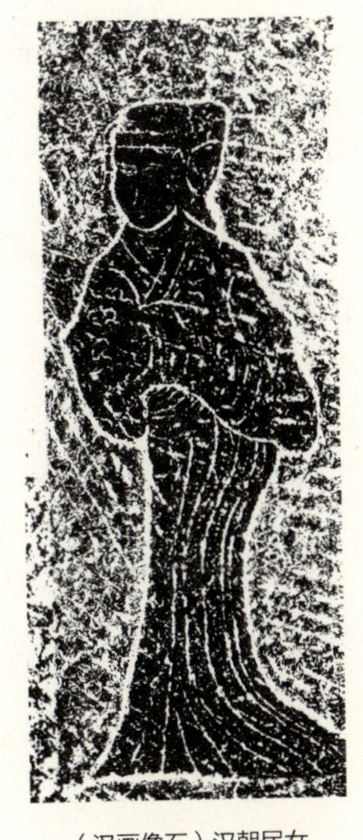

（汉画像石）汉朝民女

邹国君主邹穆公对孟子发牢骚：邹国与鲁国交战，我的官吏死了 33 个，最可气的是老百姓，没有一个为保护官吏挺身而出。你说杀掉他们吧，那么多人，哪里杀得过来；你说不杀他们吧，岂不等于纵容这种坐视上司危难而不救的恶劣风气，如何是好呢？孟子说：每逢灾年歉收，您的民众便流离失所，年老体弱者弃尸山谷，年轻力壮者逃往他国以求活命，差不多数以千计。而您仓房里的粮食不见减少，库房里的财宝依然充足，官吏从来不向您报告实情，对上他们怠慢，对下他们残忍。曾子说：“小心了，小心了！你怎样对待别人，别人也会怎样对待你。”战事来了，民众终于有了报仇的机会，您就不要怪罪他们了吧！只要您实施仁政，民众自然会亲近他们的上司，为他们去死。（《梁惠王下》）朱熹说，这段话的意思是，由于君主一心求富，官吏只知道敛财而不知体恤百姓。（《孟子集注》卷二）你重物不重人，人又怎么会重视你？

官民关系是对等的。“君之视臣如手足，则臣视君如腹心；君之视臣如犬马，则臣视君如国人；君之视臣如土芥，则臣视君如寇仇。”（《离娄下》）君主看待臣民如同手足，臣民就会把君主看成自己的腹心；君主看待臣民如同犬马，臣民就会把君主看成陌路人；君主看待臣民如同尘土、小草，臣民就会把君主看成强盗、仇敌。说的虽然是君主与臣民的关系，但对官吏与民众的关系也同样适用。

把民众放在第一位，真心实意地关爱民众，抓住了这两条就掌握了为政之道的精义，贯彻善政也就有了基本方向。

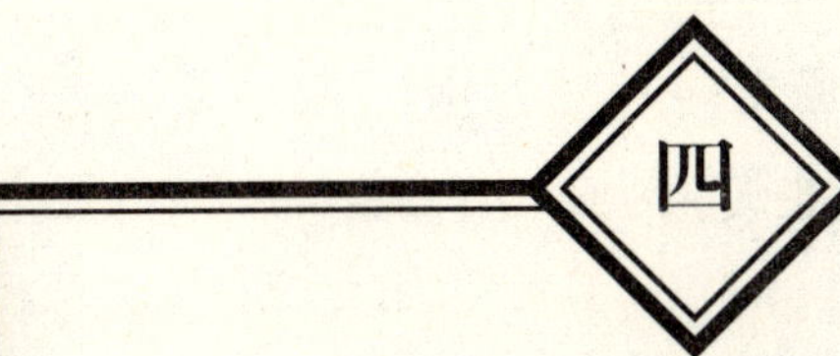

四

天命：人路的限定

（一）

天

语录

原文——

惟天为大。（《滕文公上》）

译文——

唯有上天最伟大。

议题1

什么是天

信仰上天是儒家也是中华传统文化的一个显著特征。“子不语：怪、力、乱、神。”（《论语·述而》）孔子不谈论反常现象、动物式暴力、违背一般道理的事物、神灵鬼怪的事情，但高扬上天。

什么是上天?

前面在谈民权时引用过一段孟子与万章的对话，说的是禹把大位传给益，为了父亲的遗愿能够顺利实现，禹的儿子启远走箕山，然而民众认为启比益更贤明，朝见者不追随益而追随启，打官司的人不去益那里而去启那里。孟子这样总结：“非人之所能为也。莫之为而为者，天也。”（《万章上》）按照人的安排，启做不了天子，然而结果偏偏相反，启接了禹的班。这说明人力之外还存在着另一种力量，孟子叫它“天”。

关于上天，孟子说：“孔子曰：‘大哉尧之为君！惟天为大，惟尧则之，荡荡乎民无能名焉！君哉舜也！巍巍乎有天下而不与焉！’”（《滕文公上》）这句话出自《论语·泰伯》，孟子所言与《论语》原话在文字上差不多，意思完全一样。这是通过尧和舜两位圣君对待上天的态度，表达天的观念。

首先，上天是最高权威，叫“惟天为大”，世界上没有比上天更崇高、更伟大的了。天、地、亲、君、师是古人尊崇的五大权威，天排在第一位，比祖先、君主、师尊还要大。所以帝王必须心怀敬畏定期祭天，祈祷国泰民安，每遇大事还要向上天通报，祈求护佑。孔子也是这个态度，他去见卫国君夫人南子，子路很不高兴，孔子说：要是我的行为不合适，就让上天来厌弃我吧。一连说了两遍。（《论语·雍也》）像是誓言，表白自己心思纯正，绝无异念，而能够作为起誓对象的一定是公认的权威，可见上天的地位。

其次，要尊崇效法上天，叫“则之”，以上天为准，听从上天安排。尧不传位给自己的儿子丹朱，而选舜接班，舜成为天子，这一传一受就是“则之”。尧相中舜，舜辅政28年，没出一点差错，广得人心；尧去世后，舜离开都城，想让丹朱执政，可民众却自动聚集到舜那里，这是上天在做功，非人力所能及，所以说接受这个现实其实是遵从上天。（《万章上》）孔子游说诸侯，到达卫国。一个叫王孙贾的大夫暗示孔子应该采用曲线策略，通过走君夫人南子、宠臣弥子瑕的门路接近国君，从而为施展自己的政治报复铺平道路。孔子一口回绝了，说：根本不对头，一个人要是得罪了上天，就没有可以祈祷的地方了。（《论语·八佾》）上天要人走正道，为人处事应当光明正大，那种讨好夫人和宠臣的做法是歪门邪道、小人行径，与天意背道而驰，所以上天不高兴。

再次，不把自己的意志强加于上天，叫“有天下而不与焉”，掌管天下却不刻意改变它，而是让它自然而然地运行。孟子指出，这并不意味着无所用心和不作为，只不过是对诸如耕种之类的具

体事物不做过多干涉，把力量放在顺应人性、致力于教化这样的大事上面罢了。（《滕文公上》）

正因为作为王者的尧和舜自觉地把自己置于上天之下，处处遵从天的意志，孟子才说“大哉尧之为君”“君哉舜也”，赞颂他们是无比伟大的君主，“荡荡乎民无能名焉”，以至于民众无法用语言来表达。

总之，上天至高无上。用《周易》的话说叫“天尊地卑，乾坤定矣”（《周易·系辞上传》）。苍天在上，皇天后土，这个位序建立起来，世界大格局也就确定了。“惟天为大”“天尊地卑”意味着天是世界的源头，所谓“乾知大始”（《周易·系辞上传》）。乾即天。天是一切的开端，它的运行创造万物。

程颐对天有一个概括：“夫天，专言之则道也……分而言之，则以形体谓之天，以主宰谓之帝，以功用谓之鬼神，以妙用谓之神，以性情谓之乾。”（《近思录·道体》）天，总体上说，就是“道”。具体说，就形体而言，天是我们上方之物；就主宰而言，天是上帝；就功用而言，天是鬼神；就运行而言，天是神灵；就性情而言，天是乾。这里，形体最简单，就是人人都能够感受到的物理性的天空，是直观的东西。其他几项复杂些。“道”，天理的总称，这是把天理性化，视其为仁义礼智等准则构成的体系。乾，刚健有力的品格。帝、鬼神、神都不是民俗意义上的，而是指世界的运行、造作，表达的都是超人的客观力量。

天并不局限于我们头顶上的感性的天，它是最高力量。

议题 2
天力

鲁国君主鲁平公备好车马，打算去见孟子。他有一个宠臣叫臧仓，说：君主怎么可以自降身份去见读书人？鲁平公听了他的话。乐正子把这件事告诉了孟子。孟子说：“行或使之，止或尼之，行止非人所能也。吾之不遇鲁侯，天也。臧氏之子，焉能使予不遇哉！”（《梁惠王下》）鲁君来见我，自有促使的力量，臧仓从中作梗，自有阻止的力量，是来还是不来，不是人力所能决定的。我与鲁君不能相见，是天力的作用。臧家小子哪里有这等本事！

这样的话孔子也讲过。他有个学生叫公伯寮，跟同窗子路不合，在鲁国执政大夫季孙面前诋毁子路。一个叫子服景伯的人把情况告知孔子，并表示自己能够对付公伯寮，甚至可以让他陈尸街头。孔子答：“道之将行也与，命也；道之将废也与，命也。公伯寮其如命何！”（《论语 · 宪问》）道，儒家的主张；命，上天的安排。意思是说，我们的主张能够实现，那是天力；不能够实现，也是天力。公伯寮难道能抗得过天力吗！

天力是孟子解读现实的一个视点。

学生万章问老师：当年孔子周游列国，在卫国的时候住在宦

公伯寮

官痈疽家，在齐国的时候住在宦官瘠环家，是这样的吗？不是，孟子一口否定，说：根本没这回事，都是好事者瞎编的。事实上，孔子到了卫国住的地方是大夫颜仇由家。子路有个连襟叫弥子瑕，是君主卫灵公的宠臣，他通过子路对孔子表示，要是孔子住到他那里去，他会给孔子活动卫国执政大夫的官位。孔子答，能不能在卫国推行自己的主张，自有天力安排。孔子重礼义，进而做官，必须符合礼，退而辞官，必须符合义，然而对于能否得到官位，孔子认为取决于天力。宦官痈疽、瘠环跟弥子瑕属于同类，如果孔子住在他们家里，既不符合礼义，也有悖于天力。这时候的孔子很难，在鲁国和卫国不顺心，宋国的司马桓魋（tuí）又企图拦截杀害他，他只好改变服饰悄悄通过宋国前往陈国，住在大夫司城贞子的家中，做了陈国君主的臣子。我听说，观察本土的臣子，要看他接待的人怎样，观察外来的臣子，要看他寄住的主人怎样。要是孔子住在痈疽、瘠环的家里，孔子还是孔子吗？（《万章上》）

孟子言之凿凿，不光讲事，同时也讲理，以理助事，把事做实、做死。这里的依据就是天力。孔子尊奉上天，坚信个人为官进退，均由天力掌握。所以即便再难，再想实现自己的抱负，再想证明自己的价值，孔子也绝不会去巴结宠臣幸臣之流。宠臣幸臣再得势，活动能力再强，终归决定不了一个人的命运，所以走他们的门路不仅无效，而且只能贬损自己的人格。

天力无处不在，不仅管世界大事，也管个人私事，存在于社会生活中，存在于每一个人的生命中。儒家坚信，一切都有上天参与，个人怎样挣扎也没用，始终摆脱不了天力这只看不见的手。

议题3

天序

在这只看不见的手所发挥作用的公众事务中，最主要的就是社会秩序。我们都知道，儒家重秩序，主张“人道”，即人间规则。这个规则虽然是属人的，却打上了天的印记，为此可称之为天序。

儒家经典《尚书》有一篇《泰誓》，是周武王姬发盟会诸侯讨伐商纣王而发出的誓言，因为特别关键，所以称泰，大而重。其中说：“天降下民，作之君，作之师，惟曰其助上帝，宠之四方。有罪无罪，惟我在，天下曷敢有越厥志？”意思是，上天降生民众，又为他们派来君主，派来师尊，君与师的唯一责任就是协助上天守护民众。为此天下有罪的人和无罪的人都归姬发我来负责，普天之下有谁敢无视上天赋予他的本分呢？孟子引用了这句话，说正是基于这样的责任意识，只要世上有一个人横行不法，周武王就感到羞耻，所以绝不能容忍商纣王胡作非为，一定要起兵讨伐他。（《梁惠王下》）

这里涉及民、君、师。民是社会主体，君是管理者，师是教育者，民服从君与师，君与师关爱、教化、保护民，这个基本秩序是上天的安排，人人都必须遵守。维护这个秩序，不仅是君与师的天职，也是民的天职，难怪对于商纣王这样的秩序破坏者，要天下共讨之，全民共诛之了。

这说的是社会总体，具体到社会生活的各个领域，其规则也得自上天。

东汉桓帝时，朝廷通过测试广征人才。孝廉荀爽这样回答：从前圣人采集天地法则制作人间规则，称之为礼。各种礼中以婚礼为首，体现的是阴阳和谐。阳性刚纯而施于，阴性柔顺而化之。以阴阳和谐来调剂两性之间的欢娱，既能获得子孙繁衍的吉祥，又能享受延年益寿的福分。一旦阴阳失衡，两性之间不对等，上面的阳气就会枯竭，下面的阴气便会阻隔。如今宫中仅采女就有五六千人之多，如果加上女官、宫女，数量更加惊人，而宫外的许多男人仍旧独身。希望皇帝陛下遣散那些没有被召幸过的女子，令其婚配，如果能够这样做，实乃国之大福。桓帝认为荀爽言之有理，录用他为郎中。（《资治通鉴》卷 55）

对于社会秩序的来源，孔子有个形象说法，将其与八卦相联系。他说人类最初跟动物没有多大区别，这时候伏羲仰望上天，观察天象规则；俯身大地，观察地表法则；平视中间，观察万物准则，创作了八卦及其论著《易经》。这部经典集中了经管天地、理顺人伦、明示王道的规则。随着八卦的产生，人与万物得以区别开来，仁义礼智信得以确立，人们效法地服从天，遵循阴顺从阳的法则，摆正君臣、父子、夫妻关系。人们根据季节时令安排生产，制作罗网，狩猎捕鱼。由此人类才摆脱了混乱状态，生活在秩序中，君主和父母得到尊敬，臣民恭顺，族群和谐，人人安于天命。（《孔子集语 · 卷四 · 六艺上》）

（明刻）伏羲

孟子讲得抽象一些。他说：“有天爵者，有人爵者。仁义忠信，乐善不倦，此天爵也；公卿大夫，此人爵也。古之人修其天爵，而人爵从之。今之人修其天爵，以要人爵，既得人爵，而弃其天爵，则惑之甚者也，终亦必亡而已矣。”（《告子上》）有上天赐予的爵位，也有人授予的爵位。仁爱、道义、忠诚、信用，行善乐此不疲，属于天赐的爵位；公、卿、大夫，属于人授的爵位。古代的人修养天赐的爵位，自然也就收到了人授的爵位的回报。如今的人修养天赐的爵位，只是为了得到人授的爵位，而这个目的一旦实现，便抛弃了天赐的爵位。这真是糊涂到家了，他不知道天赐的爵位一旦丧失，人授的爵位必定跟着失去。

这是通过人的地位来讲社会规则。人的地位分两种，一种是属天的，根据人在仁义忠信方面的表现而决定取舍，仁者义士受人尊敬，活得踏实光彩，这叫天爵；一种是世俗的，贵族头衔之类，所谓的人爵。哪一种是根本呢？天爵。人爵是一定要跟着天爵走的，没有一个社会公然让坏人当道，如果发生了这样的情形，就会有人出面制止，和平手段解决不了便诉诸革命，就像周武王对待商纣王那样。

人爵以天爵为准说明了什么？说明社会生活不能背离仁义礼智信的道理，而这套道理则是上天规定的人间秩序。

孟子的这个观点非常富于启示意义，以朱熹为代表的宋明儒家学者正是从这一观点出发，提出并建立了以“理”为基本特征的新理论，从而极大地推动了儒家的哲学化。在他们那里，仁义礼智信等一系列准则构成了宇宙本原，即天理；而人道也就是社会秩序则是天理的表现。就是说，人道与天理，社会秩序与上天规则其实是一个东西。

议题 4

代理人

虽然上天是最高权威，天力无处不在，但正如朱熹所言，上天无形，不像人那样有眼睛能够看，有耳朵能够听，它的看和听只能来自于民众。民众是上天的最大代理人，就是《尚书·泰誓》中说的“天视自我民视，天听自我民听”。上天所见来自民众见到的，上天所听来自民众听到的。这句话孟子也引用了，借以说明舜继承尧的天子大位的合法性（《万章上》）。

这句话作为民众代理上天的经典表述，在史书典籍中一再出现，后人也一再发挥。三国时，魏明帝曹睿大建宫室，连年征调劳役，农桑之事几乎停顿。侍中领太史令高堂隆上书劝道：“天聪明自我民聪明，天明畏自我民明畏。”上天耳聪目明，其实是人民耳聪目明；上天彰显威力，实际是人民彰显威力。高堂隆指出，民众已不堪骚扰，怨恨愤懑。上天的奖赏和惩罚，随民意、顺民心，再不改正，民间的不满将上达天听，引起共鸣，那时候就会降下灾祸了。（《资治通鉴》卷 73）

这方面最生动的民间故事是元代关汉卿作的《窦娥冤》。民妇窦娥遭受冤屈，定为死罪，行刑前正值农历六月酷暑，窦娥不甘，放话让老天证明，如果确系冤枉，身死之后，天降三尺大雪，为其实行天葬。大夏天下雪？还是三尺厚？没人相信。然而奇迹出现了，刽子手刀落，天飞大雪，银装素裹。这出戏的改编版就叫《六月雪》。这是以极度夸张的艺术手法传达天遂人愿的观念。

天意由民愿推动，跟着民众走。民众说好的，上天就支持，民众说不好的，上天就反对。民众替上天当家。

民众之下，孟子还分出天民和天吏。

天民属于民，是个体的民。孟子说："有事君人者，事是君则为容悦者也。有安社稷臣者，以安社稷为悦者也。有天民者，达可行于天下而后行之者也。有大人者，正己而物正者也。"（《尽心上》）有这么几种人，一种是以容颜取悦于人，凭色相吃饭。一种是安邦兴国之辈，凭本事吃饭。一种是仁人志士，以自己的行为通行于天下，从而证明仁义道德是天下所必需的。一种是圣者，以端正自身来端正世间万物。在这几种人里，仁人志士就叫天民，他之所以能够通行天下并趟出人路，就在于他体现的是天意，履行的是天力，也正因为如此，他的名称前面才配加上天的符号。朱熹注释说："民者，无位之称。以其全尽天理，乃天之民，故谓之天民。"（《孟子集注》卷十三）

天吏属于官。前面谈民权时曾提到过一个叫沈同的齐国大夫私下问孟子燕国是否可以讨伐，后来有人跟孟子顶对这件事。孟子说当初沈同少问了一句，即什么人可以去讨伐燕国？这是一个资格问题，不是随便谁都具备这个资格的。孟子说，如果沈同这么问了，他的回答将是："为天吏，则可以伐之。"只有天吏才可以去讨伐燕国。孟子举例道，这正如对一个杀人犯，有人问这个家伙可以杀掉吗？他将回答说可以。要是进一步问谁可以执行这个任务？他将回答说只有法官有权杀他。（《公孙丑下》）为什么唯有天吏才具备讨伐燕国的资格？因为燕国无道，天吏代表上天，通过讨伐行使正义，替天行道，正因为如此，他才成为天吏。

孟子还在一处谈到天吏。前面“减负”一节中我们介绍过孟子告诫统治者的五条建议，他说只要做到这些，邻国的民众就会心有属归，视之如父母，那么有谁会去攻击自己的父母呢？所以这样的统治者将无敌于天下，而“无敌于天下者天吏也”（《公孙丑上》）。朱熹在注释中引吕氏言“奉行天命，谓之天吏”（《孟子集注》卷三）。天吏尊奉的是上天的意志。

天民和天吏作为上天的代理人是理论上的归结，其实现实生活中每一个人都是天意的执行者。

周灵王的儿子太子晋，小小年纪就具备了君子美德，聪明好学，明白道理，性格温和，思维敏捷。一年河水泛滥，将要冲毁王宫，周灵王想要堵塞河道，太子晋认为之所以会出现这种危情，是因为国家政事没有顺从天意，不如改善政治。晋国贤大夫叔誉朝拜周灵王，见到太子晋，跟他交谈，不想竟然落在下风，倒有一大半时间只有洗耳恭听的份儿，只好赶紧退下。叔誉向晋国君主晋平公汇报，晋平公不信，又派师旷去周朝核实。师旷与太子晋一见如故，非常佩服他的德才。太子晋知道师旷善于预测，便请教自己的寿数。师旷直说，告知他寿命不长。太子晋深表赞同，说自己还有3年可活。3年后太子晋死了。孔子听到后说：太可惜了！上天杀死了我的君主。（《孔子集语·卷九·论人》）周朝气数已尽，上天绝不会让一个杰出人才出来挽救正在走向灭亡的王朝。

伍子胥

不只好人，就是坏人也扮演着执行者的角色。

子贡告诉孔子：吴国太宰伯嚭（pǐ）死了。孔子说：不可能，他死不了。子贡又重复了一遍，孔子还是那句话。子贡拜了两拜，问：夫子怎么知道伯嚭没有死？孔子答：上天让伯嚭来到世上，就是派他来消灭吴国的。如今吴国还没有灭亡，哪能让伯嚭死掉呢？果然，经过询问来到鲁国的吴国人，确定这个消息是误传。（《孔子集语·卷十三·事谱下》）吴王夫差打败越王勾践后，怎么对待越国有两种意见，一种主张彻底灭掉越国，以伍子胥为代表；一种主张保留越国，以伯嚭为代表。伯嚭收受了越国重贿，不愿意断了这个财路，自然为越国说话。结果夫差接受了后一种意见，使勾践赢得了时间。经过十年生聚十年教训，越国终于灭掉了吴国，这个时候伯嚭才死掉。

天力这只看不见的手通过人力这只看得见的手行使权威，天意由人来实现。

（二）

命

语录

原文——

顺天者存，逆天者亡。（《离娄上》）

译文——

顺应天意者活，违背天意者死。

议题 1

什么是命

命是会意字，由口和令构成，表示来自君长的命令。孟子说的命也是这个意思，但这个君长是上天。

孟子说：“尽其心者，知其性也。知其性，则知天矣。”（《尽心上》）求索人的心意，便知道人性。顺着人性深究下去，就知道天了。孟子把心和性与上天连在一起讲，它们不可分离。朱熹的注释是：“心也、性也、天也，一理也。自理而言谓之天，自禀受而言谓之性，自存储而言谓之心。”（《孟子集注》卷十三）人心、人性、上天，实际上是一个东西。这个东西就本原而言是仁义礼智，就与生俱来而言是人性，就存储知识而言是人心。这里，上天被理解为理的准则，人的心和性来自于理，就是说，心性是一种命令，由上天下达，所以心性是人的命。程颐说：“天所赋为命。”（《近思录·道体》）赋予即命令，上天的命令就是人的命。

命的最大特征是稳定不变。“君子所性，虽大行不加焉，虽穷居不损焉，分定故也。君子所性，仁义礼智根于心。”（《尽心上》）君子的本性，即使愿望全然实现也不会增加一分一毫，即使穷困而不为人所知也不会减少一点点，这是因为本分已定。君子的本性所得自的仁义礼智的准则根深蒂固。说的是君子，其实涵盖的是人。上天作为最高权威，它的命令无可更改，所以人的命是恒定的，不管时代怎样变化，也不管机遇多么不同，它都岿然不动，构成了人生的先决条件。

这是从人性的角度来讲命，说白了，性善就是命，是上天给人的命令。在这一点上人人都一样，没有区别。

还有一种命，表现为个体人生的基本走向，也来自上天的命令，也具有稳定不变的特征。这个命在每个人那里就不同了，具有特殊性。譬如形貌，孟子说："形色，天性也."（《尽心上》）人的形体和容貌各不相同，为上天所赋。譬如生命和生活的基本态势，孔子说："生死有命，富贵在天。"（《论语·颜渊》）生死各有限定，富贵由天安排。

颜回死了，孔子大呼："噫！天丧予！天丧予！"（《论语·先进》）颜回是孔子最欣赏的学生，是他寄予最大希望的接班人，没想到早早就死了，谁来传承他的思想学问呢？不由发出"上天亡我！上天亡我"的悲声。颜回之死，对颜回来说是"生死有命"，对孔子来说，是"富贵在天"——关系着孔门事业的兴衰。

除了生死和富贵之外，还有使命。尧的事业不由儿子丹朱继承而由舜继承，禹的事业不由贤臣益继承而由儿子启继承，就是使命之命。孔子对此体悟极深，坚信自己是周文王之后传播周文化重任的肩负者。正是凭着这份神圣庄重的使命感，他百折不挠，无所畏惧，知其不可而为之。

还有吉凶祸福。朱熹说："人物之生，吉凶祸福，皆天所命。"

（《孟子集注》卷十三）生老病死，身形容颜，吉凶祸福，均由上天规定。

孟子把承受上天的命令所形成的命称为“正命”，说：“莫非命也，顺受其正……尽道而死者，正命也。”（《尽心上》）没有什么不贯穿着命，顺应命是正确的选择，在这条道路上走到底，就是正命。这是要人接受上天的安排。需要明确的是，这个正还包含善的意思，性善是最大的命，尽道而死也可以解释为坚守向善的道路。为此孟子紧接着说：“桎梏死者，非正命也。”违法乱纪而死，属于非正命。

知命、认命、从命是人生的一个重大课题，也是自我意识的一个节点。孔子提出“知天命”，说：“不知命，无以为君子。”（《论语·尧曰》）不知道天命，就没有办法做君子。的确，连自己来到世界上要干什么都不知道，浑浑噩噩，怎么生活呢？谈到个人自己，他说“五十而知天命”（《论语·为政》）。这是最后成果，而对天命的探讨早就开始了。在孔子那里，对待天命的态度具有画线意义，是君子与小人的一道分界。小人“不知天命而不畏也”（《论语·季氏》），小人不懂天命的重要性，当然也就毫无敬畏之心，延伸开来，不尊敬上级，辱慢圣人言论。君子则相反，“畏天命，畏大人，畏圣人之言”（《论语·季氏》）。

这就是古人的生命观，没有单纯的生命，只要是命，就一定纳入上天之中，与其命令相结合。

议题 2
运

命是生命中不变的东西，然而生命还呈现出变化的一面。正如孟子指出的那样："五谷者，种之美者也；苟为不熟，不如荑稗。"（《告子上》）五谷是植物中的精品，但如果种到地里尚未成熟便结束了生长，还不如荑草和稗草。孟子还谈过种麦，播下麦种，收获的一定是麦子，但由于地力、雨水及人力投入的差异，收获的数量也就不同。（《告子上》）种谷得谷，种麦得麦，这是铁定的，是命；而五谷的成熟度、麦子的收获量则不一定，属于变量。

人也是这样。朱熹把生命中不变的部分叫作"命之正"，变化的部分叫作"命之变"。譬如生死。人有生有死，这是"命之正"，但什么时候死，死在何处，因为什么而死，就是"命之变"了。这样看，"命之正"属于必然性，"命之变"属于偶然性。

那么是什么造成了生命的偶然呢？是"运"。运，运行，移动。这里指外部条件，俗称运道、运气。它有两大方面，即时与机，统称时机。时，表示时间，指时势，叫时运；机，表示空间，指机遇，叫机运。时机或说运道，是动态的，所谓时不待我、机不可失，强调的就是变动。

人们又把“幸”与运连用，称幸运。幸，这个字的意思是意外地得到好处，也包含变动的意思在里面。于是便有了好运和坏运，一个人的命好不好，就看他运道如何。所以人们祝福时喜欢说：祝你好运。北京举办2008年奥运会，常见的一个宣传词是：好运，北京！

孔子一生都在等待好运。学生子贡经商，以美玉做比喻跟孔子探讨道理。子贡问：这里有一块美玉，请问夫子，是把它珍藏在盒子里好呢，还是卖给识货的商人好呢？孔子说：“沽之哉！沽之哉！我待贾者也。”（《论语·子罕》）卖掉好，卖掉好，我正等待着出大价钱的商人呐。孔子由美玉自比，他并不满足于仅仅教书育人——这有点像把美玉装在盒子里——他期待着有哪个君主请他出山，实现自己的政治抱负。然而美玉终于没有等来识货的商人，这时他已经进入垂暮之年了，叹道：“凤鸟不至，河不出图，吾已矣夫！”（《论语·子罕》）河图是黄河图像，与凤鸟都是吉祥的代表。凤鸟不来，河图不出现，我是没有指望了！

（汉画像石）凤鸟

《吕氏春秋》这样说：孔子周游天下，多次向君主谋求官职，到过齐国、卫国等许多国家，见过80多位君主。进献给孔子礼物而投在他门下的学生达到3000多人，其中成绩突出、闻名天下的有70个人。那些拥有万乘兵车的国君只要得到这70人中的任何一位，都完全可以把他当成自己的老师。可以说孔子一门人才济济。然而，孔子率领弟子游说诸侯，所得到的最高官职不过是鲁国的司寇。（《吕氏春秋·遇合》）

运更能体现天力。命是可知的，所以才有“知天命”、顺命而为的“正命”，而运则纯属黑箱，无可捉摸。孔子待价而沽，这可以做到，然而谁知道买家是谁呢，谁又知道他何时出现呢。于是孔子便去周游列国，一个地方一个地方地推销自己，俗话说叫撞大运。上天把教化天下的重任交给孔子，这是“命”；但他屡受挫折，每每遭到冷遇，这是“运”。有命而无运，孔子的一生并不愉快。

运虽属偶然，但决定着必然，就是哲学上讲的必然性通过偶然性开辟道路，用在运与命的关系上，就是命通过运实现自己。

南北朝时，南齐竟陵王、宰相萧子良笃信佛教。尚书殿中郎范缜是萧子良的朋友，两人观点不一样，范缜认为世上根本就没有佛。萧子良问：你不相信因果报应，那么人为什么有的贫贱，有的富贵？范缜答：人们的生命就像树上的一片片花瓣，同时开放，随风飘散，有的掠过竹帘帷幕落到了床褥上，有的越过篱笆围墙落在了粪坑里。落到床褥上的好比是殿下您，落到粪坑里的就是下官我了。我们之间的贵贱之分不过是形成生命的途径不同罢了，因果报应究竟在哪里呢？萧子良无言以对。（《资治通鉴》

卷 136）花瓣是命，风是天力，而飘动则是运，飘的路线左右着花瓣的去向。

许多时候，运气是抓来的。唐朝德宗时，昭义节度使去世。德宗决定这个职位由昭义军的将领担任，认为只要得到将士拥护的，就可以担任节度使，于是派使者带着手诏前往军中执行。当时威望最高的是大将来希皓，使者准备把诏书交给他。不想来希皓谦虚，表示自己尽管众望所归，但对节度使兴趣不大，还表态说，哪怕朝廷将一把草放在这一位置上，他也一定恭恭敬敬地侍奉。这时一个叫卢从史的将领站了出来——他在军中排位仅列第四位——说：既然来将军不愿意接受诏书，就让我管理这支军队好了。卢从史与监军关系很好，监军在一旁帮腔，说卢将军这么做当然也符合皇帝的旨意。于是使者从怀中取出诏书，授给卢从史。就这样卢从史当上了手握重兵的昭义节度使。（《资治通鉴》卷 236）

由于命与运连为一体，人们往往不加区分，一概称之为命运。

议题 3

立命

立，树立；立命就是在知天命的基础上，树立使命，建立自己的未来。

孟子说：“存其心， 养其性，所以事天也。夭寿不贰，修身以俟之，所以立命也。”（《尽心上》）坚守本心，涵养本性，用以事奉天命。无论寿命长短都不动摇，在修身中等待，就是立命。朱熹解释道：“立命，谓全其天之所付，不以人为害之。”（《孟子集注》卷十三）立命，说的是完全遵照上天的托付，不因人的诸如欲望之类的任何因素损害它。

立命与孔子主张的立志属于同类问题，在立志上增加天命的背景就是立命。由于天命的介入，志向便有了宿命的意味，更庄重，更坚固，更有力量。如此，孔子的“吾十有五而志于学，三十而立”（《论语 · 为政》）就属于立命。他 15 岁确立走学人之路的志向，开始立命；30 岁时确立终身追求的理想，完成立命。

关于立命，我们可以看看孟子笔下的伊尹。

万章问老师：有人说，伊尹为了求得官职，竟然去给汤做厨师，是这样的吗？伊尹擅长烹饪，他的画像常配备专门用来煮肉的鼎。

那时的汤是殷（商）族领袖，后世称商汤，他联合诸侯推翻夏朝，建立商朝。伊尹是他的得力助手，官职相当于后世的宰相。对于学生的提问，孟子更正道：没有这样的事。说伊尹本来是在郊野种地的农人，他志向高远，不合乎道义的，一根草都不会献出去；不合乎道义的，一根草也不会收取。汤多次聘请他出来帮忙，还送给他不少礼物。伊尹说：我要这些东西干吗？难道出去做事比我自由自在地生活在田野间、思考尧和舜的道理还要好吗？

万章又问：那他后来怎么出山了？孟子解释道：汤多次派人去请他，他的想法变了，说与其独自思索尧和舜的道理，为什么不使汤成为尧和舜那样的伟大君主呢？为什么不使天下百姓成为尧和舜时代那样的幸福百姓呢？上天生育人，有先知先觉与后知后觉之分，先知先觉者的职责就是唤醒后知后觉者。他，伊尹，就是民众中的先知先觉者，如果他不站出来启发他们的觉悟，还有谁能够承担这个重任呢？

就这样伊尹去了汤那里。孟子说：伊尹心里装的是天下苍生，人们在夏朝桀的残暴统治下处在水深火热之中，在他的意识里，好像是他伊尹把百姓推进水火里去似的。他就是这样以承担天下重担为志向的。于是他去游说汤讨伐夏桀，以拯救天下百姓。（《万章上》）

以为天下苍生造福为己任，这就是伊尹的立命，尽管他不过是一个农夫。

农夫尚且如此，就不要说大人物了。

楚庄王是春秋五霸之一，功业昭著之辈。但最初给人们的印象却很糟，即位已经三年了，不理朝政，只是喜爱隐语。一个叫成公贾的大臣到宫中来见楚庄王。楚庄王翻了他一眼，问：不知道我有禁止劝谏的命令吗，你来干吗？成公贾答：臣哪敢劝谏大王，我是来陪您讲隐语的。楚庄王说：好，你先讲。成公贾说：有一只鸟停在南方的土山上，一停就是3年，不动不飞也不鸣叫，请问大王，这是一只什么鸟啊？楚庄王答：这只鸟停在南方的土山上，之所以3年不动，是因为在确定大政方针；之所以3年不飞，是因为在培养力量；之所以3年不鸣叫，是因为 在观察世间情况。这只鸟虽然不飞翔，但只要展开翅膀，就会直插云天；虽然不鸣唱，但只要一开口，就足以惊世骇俗。你去吧，我已经明白你的意思了。第二天朝会，楚庄王猛然出手，一下子提拔任用5个大臣，同时罢免了10个大臣的职务。(《吕氏春秋·重言》)把楚国打造成第一流强国是楚庄王的立命，确定大政方针、培养力量、观察世情则是实现使命的具体步骤。

伊尹

伊尹和楚庄王就属于孟子说的“修身以俟之”。他们知道自己的使命，默默做着各种准备，耐心等待。

议题 4
俟命

俟，等待；俟命，静候命运的安排。俟命与立命虽然都包含等的意思，却是两回事。立命强调的是树立使命而等待，俟命突出的是静候命运而等待。前者倾向于命，后者倾向于运。

孟子说：“尧舜，性者也；汤武，反之也。动容周旋中礼者，盛德之至也。哭死而哀，非为生者也；经德不回，非以干禄也。言语必信，非以正行也。君子行法，以俟命而已矣。”（《尽心下》）尧和舜的德行是出于本性，商汤王和周武王的德行是经过修身而返回本性。举止仪容中规中矩而合于礼，是德行盛大到了极致的表现。哭泣亡者而哀恸，不是表演给人看的。遵循道德而不违背规矩，不是奔着利禄去的。言必行，行必果，不是为了猎取好名声。君子按照规则行事，不过是等待命运的安排罢了。

孟子从尧舜谈到商汤王、周武王，又谈到君子，要说的是，人应该恪守天命，诚心诚意地修养自己，不为功名利禄所动而改变初衷，静候时机的到来。就是朱熹在注释中说的“君子行之，而吉凶祸福有所不计，盖虽未至于自然，而已非有所为而为矣。此反之之事，董子所谓‘正其义不谋其利，明其道不计其功’，正此意也”（《孟子集注》卷十四）。君子应该把个人的吉凶祸福抛在一边，不存私心杂念，尽管做不到尧和舜那样出于本性的自然而然，但可以向商汤王和周武王学习，返回本性，不被流俗牵着走。这种从世俗到本性的返回，就是董仲舒所说的端正义行而不谋求利益，彰显道理而不算计功业，表达的意思。

（汉画像石）汉吏

只有做好自己的事，当命运向你招手时，你才能符合要求，以过硬的自己而胜出。

东汉光武帝时，一个姓第五名叫伦的人担任京兆掾，负责管理长安的市场。他公平正直，清廉耿介，市场中没人敢胡作非为。第五伦每次阅读诏书，总是叹息着说：当今皇帝是一位圣明君主，见一次面便可以决定大事。同僚们嘲笑道：你连地方长官都不能说动，又怎能说动皇帝！第五伦答：那是因为没有遇到知己，道不同不能与其相谋罢了。后来第五伦被推举为孝廉，任淮阳王医工长。

淮阳王入京进见，第五伦作为随

员与其他僚属得以见到光武帝刘秀。光武帝询问政事，第五伦乘机应对，光武帝十分高兴。第二天又特地召第五伦入宫，一直谈到黄昏。光武帝问：听说你做了官，曾拷打过你的岳父；又听说你拜访堂兄家而不肯留下吃饭，有这样的事吗？第五伦答：我先后娶过三个妻子，她们都没有父亲。我小时候正逢战乱，年景不好，不敢随便到人家吃饭。人们认为我愚笨无知，拿这些话编排我。光武帝哈哈大笑，任命第五伦为扶夷县长。第五伦还没到任，又被任命为会稽郡太守。他为政清明，造福于民，深受百姓爱戴。(《资治通鉴》卷 44)

孝廉是德行突出之人，第五伦被推举为孝廉说明他没有浪费光阴，而是在等待中注重修养和提高，所以当机遇降临时才能交上一份满意答卷，终于成为一代名臣。

议题 5
力命

这里的力指人力，即人的努力；力命就是以人为努力来实现天命。

孟子主张立命、俟命，要求人们要耐心等待；同时又主张力命，要求人们积极行动，以奋发有为的精神、以自强不息的姿态、以明智聪慧的选择开辟自己的未来。

其实立命、俟命中已经包含了力命的因素，等待不是被动的坐等，而是在以修身为主的准备中静候，由此可以说立命、俟命就是主动经营自己。

力命还有另一层含义，即改变自己的命。

命能够改变吗？能够。

孟子所处的战国时代，各国面临的最大问题是如何生存下来，孟子开出的药方是效法周文王，实行王道，说：大的国家 5 年，小的国家 7 年，只要坚持走下去，不要说生存了，就是天下也是你的。说到这儿，孟子引诗为证："殷商子孙，人人不安。上帝有令，事从周朝。周代殷商，天命不定。殷商士人，弃暗投明。"（《离娄上》）诗句出自《诗经 · 大雅 · 文王》，天命不定的原文是"天命靡常”。靡（mǐ），无；常，恒定；靡常就是不一定。上天本来支持殷商，现在转向站在周朝一边。

关于“天命靡常”，事件主角周武王讲得更细。他的实力不如商纣王，对方军队在人数上占绝对优势，但离心离德，士兵临阵倒戈，转过身为周武王开路。商纣王见大势已去，自焚身亡。周武工让人告诉殷商贵族们说：上天降下了幸福。周武王进入商朝国都，在祭祀中说：我承受改朝换代的天命，接管殷商政权，接受上天英明的旨意。然后率大军返回周朝都城。周武王晚上睡不着觉，他的弟弟周公问他因为什么。武王说他在想，上天不保佑殷商，周族才能成就王业。所以，要使上天保佑我们，让天下百姓依从我们，一定要办好各种事情，把恩德推向四方。（《史记·周本记》）

那么周武王是凭着什么扭转天命的呢？努力修养德行。这就是朱熹在对上面孟子那段话的注释中讲的：“修德修仁，则天命在我。”（《孟子集注》卷七）只要你提高德行实施仁爱，天命就站在你一方。为什么？因为上天以仁义礼智信为天道，善道一定支持善行，绝不会为虎作伥。这也是周人的认识。开国元勋召（shào）公告诫统治者，商朝取代夏朝，不是夏人不敬天，而是不敬德；周朝取代商朝，也不是商人不敬天，而是不敬德；鉴于这个历史教训，周人一定要处处敬德，按照道德要求来做。另一位元勋周公把个意思概括为“秉德明恤”，意思是保持美德，深怀忧患。

这也是孔子的看法。他说，人的生死福祸在于天命，上天不可能只赐予你福分而不降给你灾难，地上的妖孽也不可能不祸害

商代玉人

人。他用两件事来证明这一点。一件是商纣王。当时一只小鸟在城墙角落孵出一只乌鸦，占卜者说凡是小的东西生出大的东西，国家一定有福，君主的名望一定加倍提升。商纣王非常高兴，完全沉迷在这一预兆中，从此不再以仁德治理国家，推行暴政到了极点，终于招致周武王的讨伐，国灭人亡。这是人违背天道，转福为祸的例子。

一件是另一位商王武丁。由于前代君王道义缺失，刑法松弛，朝廷的院子里竟然长出了桑苗，7天的时间就长成合抱粗的大树。占卜者说桑树本来生长在田野上，如今在朝廷茂盛生长，看来商朝要灭亡了。武丁害怕极了，决心加强道德修养。他思考先前圣明君主的治国道理，扶助那些衰亡的属国，使各个家族有后人继承，任用在野的优秀人才，尊敬老人的经验。3年后国家变了样，名声大震，远方通过翻译来朝见的国家就有6个。这是顺从天道，转祸为福的例子。

孔子总结道：可见，妖孽这种东西，是上天用来警示诸侯的；噩梦这种东西，是上天用来警示大夫的。妖孽敌不过仁政，噩梦敌不过善行。只要自己奋发努力，坏事就可以变成好事。所以伊尹作《太甲》书说："天作孽，犹可违；自作孽，不可逭。"（《孔子集语·卷四·六艺上》）

最后的那句引言很有名，《孟子·公孙丑上》也引用了。逭（huàn），逃跑。上天降下的灾祸，还可以设法躲避；自己做下的孽，就无法逃脱了。仅仅有天命，一个人的命运还不能最后定性，还要看他的表现。表现不好，上天本来要降下的福分也不会给你，你就等着倒霉吧；表现得好，上天的惩罚就会收回去，重新安排，变祸为福，让你绝路逢生。

还是朱熹讲的那四个字："天命在我。"一个人的命运如何，最终取决于自己。

（三）——天命的地位及其对人路的意义——

语录

原文——

乐天者保天下，畏天者保其国。

（《梁惠王下》）

译文——

乐于天命的人安定天下，敬畏天命的人安定国家。

议题 1

天命的地位

天命意识是中国传统文化的一大特征，儒、道、法等诸家都讲天命，但以儒家为最甚，从孔子到孟子，再到董仲舒、朱熹等大儒，无不高度强调天命的权威。

强调天命，并不是仅仅将其置于最高位置便完事，为了敬天而敬天，而是为了加固其他观念，从哲学上说，就是为儒家学说提供本体论支撑。

以前面谈过的问题为例，我们看看天命观是如何发挥这一作用的。

先看人性。孟子认为，性善与生俱来，所谓“仁义礼智，非由外铄我也，我固有之也”（《告子上》）。仁、义、礼、智不是外界灌输予我的，是我本来就有的。明确提出，性善为上天所赋。既如此，上天就一定站在善的一边，扬善惩恶。

春秋时期，郑国的公孙黑密谋叛乱，不想旧伤发作没能实现。执政大夫子产正在边地巡视，听到消息后乘着一辆递送公文的传车赶了回来。子产历数公孙黑的罪过，列出 3 条，宣布说：第一条，你从前就有叛乱前科，如今不知悔改，国家绝不能坐视不管；

第二条，你们兄弟为争夺妻子大打出手，完全不顾家族团结；第三条，郑国六位卿大夫举行盟誓，根本没有你的份儿，你强行挤进来，颠倒上下尊卑。这三条都是死罪，你自己要是不快点死，大刑马上就会降落到你头上。公孙黑不想死，一个劲儿地叩头，祈求道：我有伤在身，早晚得死，你不要帮助上天虐待我。子产答：恶人不终天年，这是上天的规定。做了恶事就是恶人，我不帮助上天难道帮助恶人吗？公孙黑还想拖延，子产催促道：还磨蹭什么？执行刑法的司寇就要到了。公孙黑上吊死了，暴尸街头。（《左传·昭公二年》）

（汉画像砖）传车

作恶被视为违背善的本性，不配做人，也不配活在世上，这是天意。不仅善人子产这么认为，恶人公孙黑也这样看。

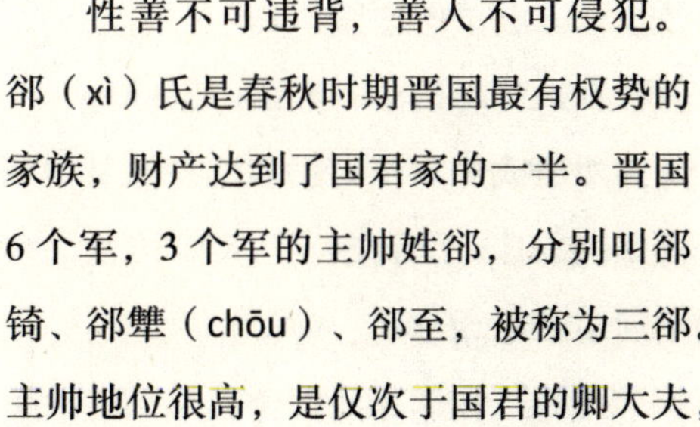

性善不可违背，善人不可侵犯。郤（xì）氏是春秋时期晋国最有权势的家族，财产达到了国君家的一半。晋国6个军，3个军的主帅姓郤，分别叫郤锜、郤犨（chōu）、郤至，被称为三郤。主帅地位很高，是仅次于国君的卿大夫，不仅管军，也管政。除了三郤外，郤氏还有 5 个人当大夫。三郤狂得没了边，看大夫伯宗不顺眼，便陷害他，安上个罪名把他杀掉了，又株连到大夫栾弗忌，还要杀害伯宗的儿子伯州犁。伯州犁出逃楚国。伯宗和栾弗忌都是好人，是有名的贤臣。大夫韩厥说：郤氏一族恐怕要大祸临头了吧！善人，乃是天地的纲纪，郤氏多次杀害善人，不灭亡还等什么！两年后，国君晋厉公杀掉了三郤。（《左传·成公十五年》）

从这两个故事可以看出，在古人那里，性善观是以天命观为基础的。

再看义利。

东汉有位陈蕃，在桓帝朝任太尉。桓帝打算立采女田圣为皇后，陈蕃坚决反对，认为应该立贵人窦妙为后，理由是窦妙出自功臣窦氏家族，她当上皇后，窦氏便能以外戚身份辅佐汉室，这对国家更为有利，桓帝接受了。桓帝去世，窦妙被尊为皇太后，由于新皇年幼，朝政由窦太后代行。为了感激陈蕃恩情，窦太后特封他为高阳乡侯。

陈蕃不接受，上书道：我听说分割国家的土地作为封爵食邑，应该以功劳和德行作标准。我虽然没有清正廉洁的品行，但决心效仿正人君子的原则，即不是用正当的方式得到的东西，不能接受。倘若我接受封爵而不辞让，遮住脸面坐上这个位置，将使上天震怒，降灾祸于人间。那时候我的身躯又向何处寄托！窦太后不准。陈蕃坚决辞让，奏章前后上呈有 10 次之多，终不肯接受封爵。（《资治通鉴》卷 56）

可见，在儒家意识中，义利关系也渗透着天命，道义作为利益的根本，乃天命使然。

再看善政。这方面的事例很多，最常见的就是民与天的互换。

齐桓公曾经问管仲：成就王业的人以什么最为尊贵？回答是上天。桓公仰视苍天。管仲道：我说的上天，并不是您现在看到的无边无际的天空，而是老百姓。“君人者以百姓为天，百姓与之则安，辅之则强，非之则危，背之则亡。”治政者尊百姓为上天，这是因为，百姓亲近他，社会就安定；百姓辅佐他，国家就强盛；百姓非难他，统治就危险；百姓背离他，政权就灭亡。《诗》云：“做人缺少好品德，一方百姓怨恨他。”遭到民众怨恨的统治者，最终不败亡的还从来没有过。（《说苑卷三·建本》）

齐桓公是开春秋五霸先河的人，志在天下，见识自然高人一筹。其实不光是胸怀大志的君主，就是一般统治者也必须树立“王者以民为天”（《资治通鉴》卷10）的观念。

春秋时期，楚国准备袭击随国，先裁减军队，以麻痹对手。随国是当时汉水以东仅次于楚国的强国，见状打算趁机进攻楚国。大夫季梁劝阻道：我听说小国之所以能够抵抗大国，是因为小国治理有道，而大国陷于混乱。什么是“道”？所谓道，就是忠于民众而信于神灵。什么叫忠？统治者所想所为对民众有利就是忠。什么是信？代表国家向神灵祷告的人说真话就是信。现在我们随国是什么情况呢？百姓连饭都吃不饱而国君却放纵私欲，祷告的官员向神灵虚报功德，我不知道随国凭什么能战胜楚国。国君驳道：我献给神灵的牲畜都是纯色的，也很肥壮，贡献的谷物也很齐备丰盛，怎么就不能取信于神？

季梁说：神灵享受的祭品来自百姓，他们才是神灵的主人。

因此先王首先团结百姓，然后才去侍奉神灵。在祭祀时报告：牲畜肥又大。实际上是向神灵表明，百姓很富庶，所以牲畜才能长得这么好。还报告说：粮食干净又齐全。意思是，没有发生灾害，百姓的收获很好。接着报告说：美酒清澈又香甜。是说，国家上上下下都遵守道德，没有邪念。如此神灵才能降下福分，做事才会成功。现在不是这样，百姓各怀异心，神灵没有主人，只是国君一个人忙活，祭祀再丰盛，又能求到什么呢？国君听了季梁的话，赶紧修明政事，楚国也没敢行动。（《左传·桓公六年》）

这里，以民为本并不是仅仅停留在人的层面上，而是上升到天命高度。如果没有后面这一条，民本意识很难确立，因为在一个等级社会中，民众是无论如何也不可能重过君主的。然而民众一旦获得了上天的认同，理论上就高出君主了——君主也要拜天，服从天命，敬天与敬民是同一的。这才有了题头语录的说法："乐天者保天下，畏天者保其国。"乐天，或者说与民同乐者，在某种程度上包括为天下立规矩的齐桓公这类人，得以掌握天下；畏天，或者说敬畏民众者，诸如随国君主这类人，得以保住国家。

总之，天命观具有本体论地位，缺少这一理论支持，儒家其他观点也就少了几分理直气壮。

议题 2

天命对人路的意义

孟子把承受上天的命令所形成的命称为“正命”，朱熹接受这一说法，除了“正命”一词外，还使用“命之正”。

正，正道、正统，表示肯定，即“是”。篆体的是写作昰，由日字与正字组成，以太阳照射比喻正。正即为“是”，不正则为“非”，所以孟子把违背天命的行径叫“非正命”。除了这层意思外，正还有制约之意。

《说文解字》中，正是会意字，以一和止会意。一代表上天，引申为贯通天地人之“道”。古文正写作正，其中的止是人脚的象形，止步之意。合起来，正的意思是足不逾道，循道而行。

由此看来，正命可以从“是”与“止”两个方面来理解。朱熹这样解释“乐天者保天下，畏天者保其国”：“天者，理而已矣……自然合理，故曰乐天。不敢违理，故曰畏天。”（《孟子集注》卷二）天指的是仁义礼智等准则所构成的理的体系，即道。自然而然地把这套道理在行动中实现出来，叫作乐天。有意地按照道理来要求自己，叫作敬畏天。乐天主要体现的是正命的“是”，畏天主要体现的是正命的“止”。

“是”也好“止”也罢，都是对人的限定。只要是人，就必须循道而行，走在人路上，这是上天的命令，没什么好说的。这就是天命对人路的意义。

孔子给学生讲解《诗经》，讲到《大雅·文王》一篇，其中有两句是“殷人子弟多勤勉，浇酒镐京助周王”。镐（hào）京（今西安市西南）是周国都城，周文王准备讨伐殷商，在这里举行祭祀。作为敌对一方的殷人，其中一些子弟竟然站在周人一边，参加祭祀的浇酒仪式，以表支持和忠心。读罢，孔子喟然长叹道：太伟大了，天命！美德不可以不传给子孙后代。因为富贵是变化无常的，否则那些王公们为什么这样谨慎小心！那些普通民众又为什么这样尽心竭力！（《孔子集语·卷五·六艺下》）

照说殷商子弟应该站在商纣王一边，但他们不，毅然抛开族群立场，倒向敌对的周人。因为商纣王是暴君，代表恶，而周文王则是明君，代表善。他们听从的是天命召唤，天命是最高权威，比君主大，比族群大。天命观使他们做出正确抉择，督促他们走善道人路。

在孟子看来，循道而行，每个人都能够做到。“求则得之，舍则失之，是求有益于得也，求在我者也。求之有道，得之有命，是求无益于得也，求在外者也。”（《尽心上》）追求就能得到，舍弃就会失去，只要去追求就可以到手的，说明你所追求的东西由你自己支配。追求必须按照一定的门路，是否能够到手取决于命运，不是只要追求就可以到手的，说明你所追求的对象在你身外。作为仁义礼智等准则的天命属于前者，就在你自己身上，不像荣华富贵之类的东西在你身外不由自己，而是完全可以做主的。

天命对个人无疑是一种制约——这没什么不对，人应该也必须受到制约。《尚书》说“惟人万物之灵”（《尚书·泰誓上》），人是万物中的精灵，最拔尖，不制约还得了？非翻天覆地最后毁灭自己不可。然而天命又是对个人的高扬。个人非常渺小，无论在自然面前还是在社会制度面前，都微不足道，如今有人告诉你，你的生命中居住着上天，你什么感觉？

我们不妨比较一下基督教。中世纪时，教会权力极大，肩负着个人与上帝之间中介的使命，信徒不能跟上帝直接交流，必须通过教士才能到达天听。宗教改革瓦解了这个制度，清教一再宣称，任何个人都不是最终依托，只有上帝才是你的唯一，获得拯救纯粹是你自己的事情，由此个人也就与上帝直接挂钩。西方个人本位思潮就是这样开启的。

天命观也具有类似效果，它给了个人超出君主而诉诸上天的权力。当然这离个人本位还非常遥远，但总比局限于现存的等级关系要好。人们可以借助上天的名义，通过赋予天命、天意以新的内容打破陈腐，给死气沉沉的社会带来生机，就像历史上出现的许多事件那样。

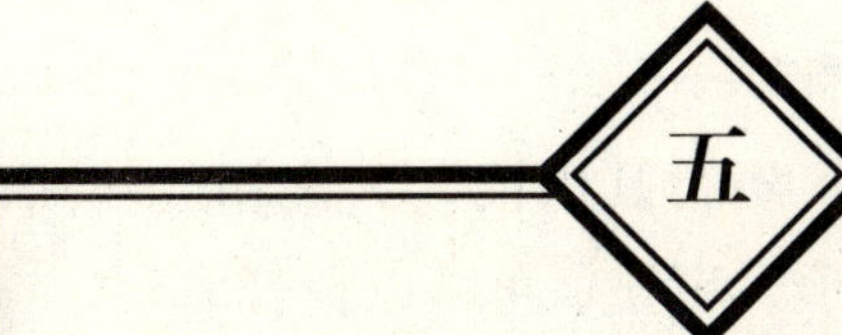

五

修养：人路的保证

（一）

修养的必要

语录

原文——

人病舍其田而苦人之田——所求于人者重，而所以自任者轻。（《尽心下》）

译文——

人的通病在于放弃自己的田地不耕种却跑到别人田里除草——求责他人重，检查自己轻。

议题 1
羞过

尽管人性是善的，又有天命管着，但人还是经常出现过错，时不时走偏。人的可贵不在于不犯错误，而在于敢于正视错误，勇于改正错误。

孟子来到齐国平陆县（今山东汶水县北），见到了县大夫孔距心，问：要是你的武士一天里三次失职，你会打发他走人吗？回答是不用等三次。孟子说：然而您的失职之处也不少，每逢灾年闹饥荒，您的子民中，老弱者死于沟壑，青壮者远走他乡，有这样遭遇的不下几千人。回答：这不是我孔距心造成的。孟子停了一下，然后望着他说：现在有这样一个人，接受了替别人放牧牛羊的活儿，那他就要想方设法找到草场使牛羊能够吃饱，要是做不到的话，是让主人另请高明呢，还是站在一边眼睁睁看着牛羊饿死呢？平陆大夫沉默片刻，说：是我孔距心的罪过。几天后孟子见到齐王，告诉他：大王手下管理都邑的长官，我了解的有 5 个人，能够知道自己罪过的，只有孔距心一人，便讲了事情经过。齐王道：这也是我的罪过啊。（《公孙丑下》）

燕国内乱，齐军以主持公道的名义进入燕国，后来又遭到当

士

（东晋）顾恺之 绘

地民众驱逐。当初齐王曾咨询孟子，得到的回答是尊重民意，齐王没有听从。事情发生后，齐王很是后悔，说自己愧对孟子。大夫陈贾为齐王宽怀，说多大的事儿也至于往心里去？问：大王您跟周公比，谁更仁爱谁更有智慧？齐王道：什么话，我怎么敢跟周公比！陈贾说：这就是了。当初周公派哥哥管叔监管殷商故国，管叔却率领殷人叛乱。如果周公知道这样的后果还派哥哥去，就是不仁爱；要是不知道而这样做，就是不智慧。仁爱和智慧，连周公都做不到，何况大王您呢？这样吧，我去跟孟子解释清楚。

陈贾见到孟子，问：周公是什么样的人？回答是古代圣人。又问：周公派管叔监管殷商故国，管叔却率领殷人叛乱，有这回事吗？回答有。接着问：那么周公是否知道这个后果而派管叔前往呢？回答是不知道。陈贾面现得意，微笑道：看来圣人也会出现过错啊。孟子说：周公是弟弟，管叔是哥哥。弟弟亲近和信任哥哥，由此造成的过错难道不是再正常不过了吗？接着话锋一转，道：

况且古代的统治者，有了过错就改正；如今的统治者，有了过错则继续。古代的统治者，他的过错就像是日食和月食，民众一目了然，等到更改后，民众更加仰视他；如今的统治者，不只继续过错，还编排一套说辞来为自己辩解。（《公孙丑下》）

这是讥讽陈贾无耻。犯了过错，耳根发热，心中羞愧，所谓“羞恶之心，人皆有之”（《公孙丑上》），这是人之常情，而陈贾反而大言不惭。按照孟子“无羞恶之心，非人也”（《公孙丑上》）的标准，陈贾做人不合格。相反的是平陆大夫孔距心，他知错，做人合格。

人不可能不犯错误，那么如何少犯错误并且不重蹈覆辙呢？认错改错只是就事论事，要想从根本上解决问题，必须进行修养，加强修养。

议题 2

自因

为什么必须开展修养？这要从过错的原因谈起。

人的错误无非来自主观与客观两个方面，孟子也是这样认识的。如果说有什么不同的话，那就是在孟子那里，对过错的检视以主观为主，而且要求极其严苛，已经到了不近情理的地步。

一事当前，孟子首先追究的是个人自己。

譬如跟人比箭。你摆好姿势，完全符合要领，拉弓控弦，嗖的一声，箭奔靶子而去，歪了，没射中靶心。再瞧瞧对手，射出的箭牢牢钉在靶子正中。这时候你肯定来气，是气自己武艺不精还是气对方比你强？孟子主张从自身找原因，眼睛不要盯着别人。（《公孙丑上》）

这个说法可以采纳，但下面的意见接受起来就不大容易了。你对人很好，却得不到相应的回报，这时候你不能去埋怨对方，而应该检查自己投入的感情够不够。你的管理很下功夫，却没有收到相应的效果，这时候你不能去责怪别人，而应该反思自己的筹划是否周全。你按照礼的规矩跟人打交道，却没有换来相应的对待，这时候你不能去挑剔他人，而应该考虑自己有没有做到位。

孟子把这叫“行有不得者皆反求诸己”（《离娄上》）。只要达不到预期目的，就反过来从自己身上找原因。

如果说咬咬牙，这也认了的话，那么下面的故事恐怕就令人抵触了。

羿，天下射箭第一高手，他的英雄事迹无人不晓，四处流传。传来传去越传越神乎，竟传成了神话。说远古时候天上有10个太阳，本来应该轮番作业，一个个单独出场，可它们任性得很，经常一齐出来玩儿。太阳们倒是高兴了，老百姓却苦了，庄稼全都晒死了，来年吃什么？羿大怒，仰天射日，一箭一个，太阳鸟儿般纷纷坠落。射到最后，第10个太阳央求道：你把我们都射死了，谁给人间照亮？羿想想也是，便留下了它。从此太阳老实了，按部就班，不敢有丝毫懈怠。这就是羿在人们心目中的地位，不光武艺高强，人也英雄。

这样的大英雄却遭到了暗算。下黑手的不是别人，正是他的徒弟逢蒙。长话短说，一个叫寒浞的野心家阴谋篡权，策动逢蒙做杀手，而逢蒙也是个野心家，一心想夺取师傅的天下第一地位，于是杀死了羿。对于这件事，没人不同情羿而谴责逢蒙的，然而孟子却大摇其头，反倒说羿的不是，认为应该从羿的身上查找过错，他用的词是“罪”，那么羿罪在何处？

孟子采用旁证法，讲了一段真人真事。说的是郑国人侵卫国，打头的勇士是箭术高手子濯孺子，不想临阵突发急症，浑身无力，无法开弓，只好退出战斗。然而敌人不依不饶，驱车赶上来。子濯孺子自语今天是死定了，随后问追来的人是谁？驾车人说是庾公之斯。子濯孺子顿时放松下来，说他死不了了。驾车人奇怪，要是换了别人，吓也要吓死了，因为庚公之斯是卫国最好的射手，箭无虚发，被他瞄上还有活路吗？便问其中缘由。子濯孺子告诉他，庚公之斯的师傅是尹公之他，而尹公之他的师傅正是他子濯孺子，他非常了解自己的这位徒弟，为人极其正派，那么他所选择的徒弟也错不了，庚公之斯也一定是正派人，所以自己会受到公正对待。

说话的功夫，庚公之斯追到了，张弓搭箭，杀气腾腾，叫道：先生为何不拿弓？子濯孺子答道：旧疾发作，拿不动弓。庚公之斯放下武器说：我是跟尹公之他学的射箭，尹公之他又是跟先生您学的射箭，我不忍心以先生之道还治先生之身。但现在是公对公，我不敢以私情害公义。于是从箭囊中抽出一把箭，在车轮上敲掉箭头，张弓朝子濯孺子放了4箭，调转车头去了。（《离娄下》）

看看人家子濯孺子，再看看羿，是非曲直一目了然，羿的遇害只能怪他自己，谁让你选了一个坏种做传人呢！

孟子甚至这样说：“夫人必自侮，然后人侮之；家必自毁，而后人毁之；国必自伐，而后人伐之。”（《离娄上》）一个人一定是先自取其辱，然后别人才侮辱他；一个家一定是先自取其坏，然后别人才毁坏它；一个国家一定是先自取其伐，然后别人才攻伐它。

严是严了点，但孟子的意图无可厚非。他之所以力主尽量从自己身上追究原因，纯粹是为了尽可能地减少悲剧的发生。俗话说这叫恨铁不成钢。孟子始终站在善的一方，全心全意地维护善，为善张目。

对于那些拒绝从自身找原因的人，孟子视为自暴自弃，跟这样的人无法为伍。“自暴者，不可与有言也；自弃者，不可与有为也。言非礼义，谓之自暴也；吾身不能居仁由义，谓之自弃也。仁，人之安宅也；义，人之正路也。旷安宅而弗居，舍正路而不由，哀哉！”（《离娄上》）对自暴者，跟他没什么可说的；对自弃者，跟他没什么可做的。一张口便诋毁礼义，叫作自暴；一迈腿便违背仁义，叫作自弃。仁爱，是人来到世上最安适的住宅；道义，是人来到世上最正确的道路。放着最安适的住宅不住，放着最正确的道路不走，实在是太悲哀了！朱熹说，所谓自暴自弃者，就是孔子说的“唯上智与下愚不移”（《论语·阳货》）中的下愚，这样的死硬分子就是孔子也束手无策，转化不了他。（《孟子集注》卷七）不自爱的人没救了，做什么也比这样的人强。

还有一种人也不必跟他较真。有这么一位，他对我蛮横无理。于是我问自己，我一定什么地方做得不够仁爱吧，一定什么地方缺少礼义吧，不然的话，他怎么会这样对待我呢？一通检视，没有发现不是。然而那个人仍旧跟我对着干。于是我再次问自己，我一定不够忠诚吧？检视下来，没有发现不是，可那个人还是找别扭。事不过三，我能怎么办呢？只好说：此人不过是个狂人罢了，这样的人与禽兽有什么区别呢？而我又怎么可以跟禽兽一般见识呢？（《离娄下》）

事事时时处处从自身找原因，看着像是逆来顺受，其实是对生命的高度负责，底子里有一种世俗难以理解的高贵。

议题 3
环境

主张自因并不意味着忽略客观，事实上孟子相当重视环境对人的影响。这从他突出教育的为政观就可以看出来，以教育为载体实施和加强教化为的就是给民众创造一个良好的成长环境。

这方面最著名的故事是“孟母三迁”。据传，孟子小时候，家离坟场很近，小孩子淘气，时常跑到坟墓旁边玩耍，孟母认为这会影响孩子的心理健康，就把家搬到了市场附近。不想孟子又经常往市场里跑，商人奸诈油滑，唯利是图，孟母认为这样下去孩子一定会沾染不良习性，又把家搬到了学校附近。学校是教书育人的地方，孟子听到的是读书声，看到的是师生之间的礼仪举止，孟母终于满意了，在这里住了下来。是否真的是这样，尚须考证，但意思符合孟子的思想。

孟子曾经问一个名叫戴不胜的宋国大夫：您希望您的君王向善吗？回答是当然希望。孟子说：那好，我就跟您实说吧。先打个比方。有这么一位楚国大夫，希望自己的儿子学会说齐国话，是找个齐国人教他好呢还是找个楚国人教他好？回答：当然是齐国人。孟子说：好，那就请齐国先生。然而问题又来了，这个孩子的周围尽是楚国人，结果是一个人教齐语，许多人在一旁叽叽喳喳讲楚语。在这种情况下，他的父亲即使天天拿鞭子抽打儿子，也不能够使他掌握齐国话。要是换一种法子，楚国大夫把儿子带到齐国街市去，比如住在名叫庄岳的那个地方，不用多久，只要几年时间，那时父亲即便天天拿鞭子抽打儿子，逼他讲楚国话，也绝对办不到。是不是这样？戴不胜点头称是。

好了，孟子把话题拉回宋国——听说贵国有个薛居州，是位善士。戴不胜说：不错，是有这么一个人。孟子道：如果让他生活在宋王身边，而且不止他，周围的人无论长幼尊卑都是像他那样的善人，那么宋王跟谁去学坏呢？要是反过来，不让薛居州生活在宋王身边，周围的人无论长幼尊卑没一个是像他那样的善人，那么宋王又去跟谁学好呢？（《滕文公下》）孟子特别强调，光有一个善人是不够的，要形成一个群体才能形成气候，才能作为环境来施加影响。

环境的影响有时是决定性的。

墨子见到染丝，曾发出这样的感慨：素丝经过青色染料的漂染，就变成青色；经过黄色染料的漂染，就变成黄色；放入的染料变了，素丝的颜色也跟着变；用五种染料漂染五次，就会呈现出五种颜色。（《吕氏春秋·当染》）

春秋时期，齐国大夫晏子出使楚国，楚王想给他来个下马威，绑了囚犯带到面前。楚王问这家伙是什么人？回答是齐国人，偷了人家东西。楚王看着晏子说：齐国专门出小偷吗？晏子道：我听说，橘树生长在淮河以南，结的果实叫橘子；橘树生长在淮河以北，结的果实叫枳子。它们仅仅是叶子相似，果实的味道大不一样。为什么会有这么大的区别呢？因为水土不同啊。人在齐国是良民，来到楚国就变成了盗贼，该不是楚国的水土导致人的手脚不干净吧。(《晏子春秋·杂下之十》）双方的嘴仗紧扣的都是环境的决定作用。

（汉画像砖）虎逐猪

然而人毕竟不是丝，也不是树，他不仅有思想、有选择能力，还具备改造环境的能动性。环境对人的影响固然很大，但终究有限，是第二位的。譬如孟子笔下的舜。一个时期，他曾经居住在深山老林中，与树木和石头同住，与鹿和野猪同游，他的生活跟大山里的野人差不多。然而他并未因此也变成动物，但凡听到一句善言，见到一个善行，立刻效法，像江河决堤似的，气势充沛得没有任何东西可以阻挡。（《尽心上》）舜战胜了环境。正因为主观高于客观，才有出淤泥而不染一说。

不过多强调环境，甚至刻意淡化它的作用，是为了使人们把注意力集中在主观努力方面，不推诿，不找客观原因，一心一意加强自身修养。

修养立足的是自因。

（二）

修养的内容

语录

原文——

君子以仁存心，以礼存心。（《离娄下》）

译文——

君子以仁修养自己的心，以礼修养自己的心。

议题 1
修心

修养修什么？修心。

在孟子那里，人身分“小体”与“大体”，口、眼、耳、鼻、四肢这些感官属于小体，不会思考；心则不同，能够分辨是非，属于大体。大体为主，小体为从，所以修身一定围绕心来展开。

孟子把修心叫“求放心”。心，良心；放，离开；求，索求。求放心就是把离开良知的心追回来。节假过后，老师对同学说的第一句话总是：心都玩野了，该收心了，好好听课！二者异曲同工。

为论述方便，有必要对心做一个区分。我们把心分为两个部分，一个是根本部分，即良心，又叫本心，可以理解为良知；一个是非根本部分，古人有时称为情，对应今天的名词，可以叫心思。孟子并没有明确做出这一区分，但有这个意思。

心的最大特点是灵动活泼，孟子这样说：“孔子曰：‘操则存，舍则亡；出入无时，莫知其乡。’惟心之谓与？”（《告子上》）孔子说了，抓紧就存留，放松就逃脱，出来进去没有一定，不知道它到底要去哪里。这讲的就是心吧？总之心是处在运动中的，不会停滞，情绪的变化、意识的转移、认识的发生都是心运动的表现。由于心是运动的，心思就可能离开良心，用孟子的话说叫“放其良心”（《告子上》），于是心便出了问题，从而导致人犯错误，做坏事。

所以心思跑偏是一定的，问题不在于是否“放其良心”，而在于“求”，是否把跑野了的心思追回来，让其归位，在良知的轨道上运行。孟子说：“人有鸡犬放，则知求之，有放心而不知求。学问之道无他，求其放心而已矣。”（《告子上》）有人跑丢了鸡和狗，倒是知道找回来，心思跑丢了却无动于衷。其实治学的功用没有别的，不过是把放纵的心思收回来罢了。

孟子还拿路打比方，说：“山径之蹊间，介然用之而成路；为间不用，则茅塞之矣。今茅塞子之心矣。”（《尽心下》）山间人行之处，人们不选他途而都走这里，走的人多了便成了路。一段时间人们不走这里，路就会被茅草吞噬。现在你的心也是这样，被茅草堵塞了。心思丢了不去找，恶劣的念头就会疯长，阻塞良心。

（清画）山水

那么良心是什么呢？朱熹在注释

中说："良心者，本然之善心，即所谓仁义之心也。"（《孟子集注》卷十一）良心是天生的善，也就是仁义礼智等准则。朱熹的解释符合孟子的本意，他说："仁，人心也；义，人路也。舍其路而弗由，放其心而不知求，哀哉！"（《告子上》）仁爱，乃是人心；义理，乃是人路。放着人路不走，失落人心不找，太悲哀了！

明确了什么是良心，就知道拿什么来"求放心"也就是修心了。第一篇谈人性时引述过孟子的一个说法，他把恻隐之心视为仁的开端，羞恶之心视为义的开端，恭敬（辞让）之心视为礼的开端，是非之心视为智的开端，简称"四端"。从四端角度看，修心就是不断拓展四端，使它们得以占领自己的思想阵地。"凡有四端于我者，知皆扩而充之矣，若火之始然，泉之始达。"（《公孙丑上》）凡是具备四端的人，只要知道扩张它们而用以充实自己，它们就会像刚点燃的火焰越烧越旺，刚喷涌的泉水越流越多。

通过壮大四端而修心，具有普遍意义，对每一个人都适用。孟子认为，人人都具备四端，如同人人都生有四肢一样。明明自己具备四端，就是不运用它们来占领思想阵地，这是自甘堕落。明明别人具备四端，就是不促使它们去发挥作用，这是任人堕落。（《公孙丑上》）

扩张四端以充实人心，说说容易，做起来很难。这个阻力不在外部而在内部，来自你自己，它就是欲望。欲望也是人的天性，它的力量很大，推动人跟着感觉走，追逐名利，对四端造成巨大冲击。欲望是修身之大敌。

春秋时期，莒国有位太子名字叫仆，杀害了国君父亲，带着莒国的国宝前去投奔鲁国。鲁国君主鲁宣公很高兴，派人拿着亲笔信去找执政大夫季文子，命他划出一块土地给太子仆做采邑。送信人半路上遇到太史里革，他把信篡改了，命令季文子把太子仆流放到东夷去。第二天有关部门报告执行情况，鲁宣公大怒，立即把里革抓了起来。宣公问里革：违反国君命令的人该当何罪，你知道吗？里革答知道，说：我还知道，破坏制度的人是乱贼，掩护乱贼的人是窝主，盗窃国宝的人是内盗，使用被盗国宝的人是奸人。害得国君您背上窝主和奸人罪名的人，我不能不把他赶走。我违反了国君命令，也不能不杀。宣公低下头想了想，说：我确实太贪心了，这不是你的罪过。下令放了里革。（《国语·鲁语上》）

鲁宣公是周公之后，秉承以德治国的传统，能够分清是非，这从他对事情的最后处理可以看出来，在当时算是明君了。然而挺明白的一个人，面对利益竟毫无抵抗力，可见欲望有多么厉害。

所以孟子说：“养心莫善于寡欲。其为人也寡欲，虽有不存焉者，寡矣；其为人也多欲，虽有存焉者，寡矣。”（《尽心下》）对修心最有利的莫过于减少欲望。一个人的欲望很少，即便心思跑丢，情况也不会太严重；一个人的欲望很多，即便心思没有跑丢，情况也不容乐观。

修心的诀窍在于一增一减——增强四端，减弱欲望。抓牢这一条，成功在握。

议题 2

养性

修养的第二个内容是养性。

孟子曾以临淄城外的牛山为例讲人的本性是需要养护的。牛山本是绿山，人们不爱护它，乱砍滥伐，还在上面放牧牛羊，结果绿山变成秃山。人也一样，原本不错的人，却随意对待自己的心思，任其乱跑，结果好青年变成了坏小子。“故苟得其养，无物不长；苟失其养，无物不消。”（《告子上》）这说明，只要给予养护，没有什么东西长不好；一旦疏于养护，没有什么东西不衰亡。

那么如何养性呢？要解答这个问题，必须首先明确性为何物。

在孟子那里，对本性的认识是由对心的求索带出来的，所谓“尽其心者，知其性也”（《尽心上》）。追究心到了头，就见着了性了。心的尽头是什么呢？是良心。所以朱熹，还有程颢程颐，认为心就是性，二者是一个东西。说得具体一些，这个东西从动态角度看，是心；从静态角度看，是性。上面说过，心分为良心与心思两个部分，良心是心的根本，与生俱来，属于天命，岿然不动，是心中不变之物。这样看，性也就是良心。所以儒家学者常常把心与性并提，统称心性。

明确了这一点，如何养性就清楚了，那就是强化仁义礼智等理性准则，因为良心是由这一系列准则构成的，这些准则同时又被视为天理，所谓天理良心。

既然本性与良心同一，那么修心的诀窍对养性也同样适用。但二者毕竟不是一回事，所以相同中又有不同。最大的区别表现为，修心重在扩张恻隐心、羞恶心、恭敬心、是非心这“四端”，养性则重在对四端所发展出来的仁、义、礼、智进行不懈的坚守。

东晋安帝时，尚书殷仲文因为朝廷音乐设施不够完备，报告执掌朝政的侍中刘裕（即后来的宋武帝），建议置办全套音乐设施。刘裕的答复是：现在没有时间做这件事，况且我也不了解它。殷仲文说：如果你喜欢它，那就自然了解了。刘裕说：正因为了解了就会喜爱它，所以我才不去学习它。（《资治通鉴》卷 114）刘裕苦出身，对感官享受一直怀抱警惕，始终以简朴为荣，即便后来做了皇帝，也时常忆苦，并以此教育后代。他知道欲望的利害，覆水难收，所以索性关牢闸门，不放它出来。刘裕的态度就是坚守的一种方式。

说得通俗些，坚守仁义礼智其实就是守规矩，时时处处以规矩来要求自己，是养性的正途。

孟子说：“羿之教人射，必志于彀，学者亦必志于彀。大匠诲人必以规矩，学者亦必以规矩。”（《告子上》）羿教人射箭，一定要求瞄准靶心，这个道理对学人也一样，也要设定目标。大工匠教人手艺一定依照一定的规矩，学人亦如此，也必须遵守规矩。孟子告诉人们：“自得之，则居之安；居之安，则资之深；资之深，则取之左右逢其原。”（《离娄下》）只要你这样走下去，就会明白道理，明白了道理就知道坚守的重要性，而对道理的坚守又会使你进一步理解它，深入掌握了道理就可以做到左右逢源。朱熹注释道：“原，本也，水之来处也。”（《孟子集注》卷八）左右逢源就是立于良知这个根本，以不变应万变。这样不管遇到什么情况，你的本性都可以保持不变。

万章与老师讨论问题，孟子告诉他一件事，说：鲁国有一项习俗，就是祭祀要用奇珍异兽，结果造成了对稀缺猎物的争抢，孔子当时正做着官，也参加了进去。万章不解，问：孔子出来做官不是为了推行仁义吗，怎么也跑去干这种不仁不义之事呢？孟子说：这你就不知道了，他是从制度入手，运用政令改革祭祀，这样人们就不必以牺牲猎物为祭品了。万章还是觉得不彻底，问：面对如此恶劣世情，孔子干吗不辞官而去，以表示自己的态度？孟子答：总要试一试嘛。通过试探，孔子发现自己的主张可行，然而君主或者执政大夫却不支持，这时候孔子才离去。（《万章下》）孔子的做法是左右逢源的注脚，这里有灵活，但目的是为道义服务，坚持道义才是第一位的。

从某种意义上说，孔子的做法也是一种养性，在实践中锻炼自己、充实自己、提升自己。

议题 3

固本

修养的第三个内容是固本。

这里的本有特定含义，指志气，相当于知情意中的意，就是俗话说的精气神，也可以称之为灵魂。

关于志气，孟子这样说："夫志，气之帅也；气，体之充也。"（《公孙丑上》）志与气分开讲，是两个东西。

孟子是从气来谈志，故而先看气。气是撑起生命的东西，可称意气。这种东西是什么呢？可以是筋骨、血液、气息、能量，但又不全是，其中还充盈着精神力量，否则气便成了没有灵魂的动物性生理。恰恰是这种精神力量更能代表气，我们不妨将其理解为气质。西晋才子潘岳（潘安），曾以一篇《秋兴赋叙》名动朝野，然而真正让他出大名的却是气质。他相貌秀丽，虽然担任虎贲中郎将一职，但神情优雅。年轻时手持弹弓走在洛阳大街上，只要被女人瞧见，大家一定拉起手来把他围在中间，不让他走。还有一个才子叫夏侯湛，气质也很好，喜欢与潘岳同行，人们称之为"连璧"，两枚玉璧连在一起，美不胜收。有个更大的才子叫左思，字太冲，就是写《三都赋》的那位，时人认为足以与张

美男：五代桓野王

衡的《二京赋》媲美。左思见潘岳被女人追捧，好生羡慕，便学着他的样子也去街上展示。果不其然，招来不少女人，不过大家不是追求他，而是朝他啐吐沫。没有办法，左思只好落荒而逃，那份狼狈就别提了。这里肯定有颜值因素，但主要是精神，他的气质不对头，触犯了时尚大忌，惹人讨厌。（《世说新语·容止第十四》）

再看志。志是统帅气的东西，可称意志。孟子的这个说法出自孔子讲的“三军可夺帅也，匹夫不可夺志也”（《论语·子罕》）。孔子15岁确立走学人之路的志向，并一直坚持走下去，正是这个意志使他养成春风般温文尔雅的气质。孟子的志向在于发扬光大孔门，彰显儒家理念，正是这个意志使他呈现出金风般锐不可当、横扫一切的气质。

孔子主张“志于道”（《论语·述而》）。由这样的志向做统帅，气质方能堂堂正正。反之，即便人再漂亮，地位再高，架势再大，威严再盛，气质也会打上猥琐凶蛮的印记。

东晋桓温，对自己的颜值信心满满，

自诩英姿勃发，堪比西晋名臣刘琨。桓温北伐归来，途遇一老妇，一个照面，妇人竟潸然泪下。桓温忙问缘由，回答是：您的相貌与刘司空很相似。原来这个妇人是刘琨的家伎。桓温高兴万分，整理好衣冠，命妇人细看，请她具体说说哪些地方相像。妇人看过后沉默不语，经不住对方催促，妇人道：面相近似但少了些厚道，眼睛近似但缺乏光彩，胡须近似但颜色发暗，身形近似但不够伟岸，声音近似但多了些阴气。桓温情绪顿时一落千丈，好些天调整不过来。（《晋书·桓温传》）不光老妇这样说他，同朝为臣的刘惔也说他鬓毛像刺猬，眉毛像石头棱角。（《世说新语·容止第十四》）这副模样，够凶险的。其实桓温外表相当不错，可称俊朗，确有英气。然而心志不正，尽管战功赫赫，但无不是为实现其野心做铺垫。他曾经抚摸枕头慨叹道："男子不能流芳百世，亦当遗臭万年！"（《资治通鉴》卷 103）为了坐上皇帝宝座，不惜背负骂名。

孟子说："存乎人者，莫良于眸子。眸子不能掩其恶。胸中正，则眸子瞭焉；胸中不正，则眸子眊焉。"（《离娄上》）观察一个人，没有比看他的眼睛更有效的了。眼睛掩盖不住心中的丑恶。内心端正，眼睛就明亮；内心不正，眼睛就昏暗。这就告诉我们，意志与意气，一为内，一为外；一为本，一为表。尽管意气只是外在表现，受意志支配，但绝不可小觑。"气壹则动志也。"（《公孙丑上》）意气强盛则会反作用于意志。人活得堂堂正正，恪守道义的意志将越发坚韧；人活得偷偷摸摸，心志将越发阴暗堕落。

为此孟子提出了震古烁今的养气说。这种气有一个磅礴的专用名："浩然之气。"何谓浩然之气？孟子认为它很难用语言讲清楚，只能这样表述：“其为气也，至大至刚，以直养而无害。”（《公孙丑上》）浩然之气可以用三个关键词概括，即大、刚、直。大，盛大；刚，刚强；直，正直。仅仅如此还不够，前面还要加“至”，没有边际，朝无限扩展。这实际上指出的是修养意气的方向，也就是为我们的外在表现安放一个内核。不管你是何种气质，潘岳的秀美型也好，左思的粗犷型也罢，都要有浩然之气居于其间。桓温缺少的就是这种气，所以尽管他仪表堂堂但怎么看怎么不对。

一个人只要打造出浩然之气，便与天地交接，与天道并行。因为浩然之气不是别的，是“志于道”的意志的产物，或者说是仁义礼智汇聚于一的产物。仁义礼智是天道，浩然之气又是仁义礼智之精粹，所以二者合流是一定的。浩然之气者顶天立地。

这就明确了修养浩然之气的根本路径，就是以仁义礼智等准则培育之。

孟子曾谈论过两位勇士如何培养自己的勇气，不妨拿来做参考。其中一位勇士叫北宫黝。肉体上，让人拿利器猛刺身体，不喊痛，不告饶。精神上，观看各种恐怖场景，再吓人的也不胆怯。自尊上，不能受一点委屈，即使被人伤及一根毫毛，也觉得像是在大庭广众之下遭受鞭打刑罚一样；受到辱骂必定回骂，不管对方是谁。人格上，绝对独立自主，既不受制于平民百姓，也不屈从于公卿诸侯。意识上，目空一切，刺杀大国君主跟刺杀市井草民没什么两样。另一位叫孟施舍，只专注于一点，就是打造精神上超强的自我，绝不瞻前顾后，把事先估量敌我力量对比而后再采取行动视为耻辱。（《公孙丑上》）这二人养气的具体做法尽管有所不同，但遵循的都是以勇育勇。浩然之气虽说不等于勇气，但道理是一样的，也要走同样的道路。

孟子谈北宫黝和孟施舍，为的是说明不动心。不动心就是坚定意志不动摇，所以讲的其实是以意气的培养来巩固和强化意志。

建立起浩然之气的意气，并给予坚持和发扬，“志于道”的意志就会更加坚定、更加强大，人的本根也就更加稳固、更加深入。

（三）修养的要求

语录

原文——

由仁义行，非行仁义也。（《离娄下》）

译文——

应该遵循仁义去行动，而不是为了仁义而仁义。

议题 1
持之以恒

修养与改过有关系，但二者并不等同。改过具有随机性、个别性，我发现自己什么地方做错了，给予改正，对造成的损失进行补救，功利性非常强。修养则不然，是长线工程，可以说是伴随终身，所谓活到老修养到老。它甚至没有功利目的，不是针对一时一事，而是从德、才、能等诸方面不断提升自己。修养并不能立竿见影地带来实际利益，然而它又确实发挥着作用，至于哪个时候哪件事情受益于它，则常常为人所忽略。但可以肯定的是，几乎我们所犯的各种过错都跟修养不够有关，而我们所取得的成绩都是修养的结果。

修养的特点决定了这是一项持之以恒的事业。

修养中最容易出现的就是半途而废。所以孟子提醒人们："有为者辟若掘井，掘井九轫而不及泉，犹为弃井也。"（《尽心上》）做事情就像是打井，井坑挖到九仞深还没有出水，便以为是口废井，于是弃之而去。其实你只要坚持挖下去，就能够见到水。

半途而废一般来自畏难情绪，而这种情绪又的确很正常——人们制定的学习榜样一向高于自己的能力。学生公孙丑就发过牢骚：您指的道儿太高了，太美了，好比登天一样，可望而不可即。您干吗不让它变得实际一点而又不至于耽误我们每天照旧努力奋斗呢？孟子一句话顶回去：鲁班绝不会因为工匠笨拙而废除规矩，羿也绝不会因为射手拙劣而改变靶标。（《尽心上》）

唐太宗李世民为教育接班人，专门作《帝范》十二篇赐予太子。其中说："夫取法于上，仅得其中；取法于中，不免为下。"意思是，效法对象选择上等的，学到手的仅仅是中等；效法对象选择中等的，学到手的只能是下等。言罢，特别提醒太子应当以古代先哲和圣王为师，像他自己，不足效法。（《资治通鉴》卷 198）唐太宗是公认的英明君主，却叮嘱太子千万不要把他作为效法对象，就是要把修养的目标尽量拔高，从而使接班人能够修到较高的学分。

那么孟子为学生设立的效法榜样是什么呢？说出来怪惊人的，是圣王舜！他说："君子有终身之忧，无一朝之患也。"这个忧是什么呢？应该是：舜是人，我也是人，然而舜却成了天下楷模，名声传于后世，而我却不过区区一匹夫也。这才是值得忧虑的事情。忧虑又该怎么办呢？那就去学习舜吧。这样去做了，你一生都不存遗憾。有了这个终身忧虑，即便生活中的那些灾难找上门来，你也可以应对，所以不会担心一朝一夕的祸患。（《离娄下》）

与半途而废异曲同工的是急于求成。也是对公孙丑，孟子讲了一个故事，就是那个著名的"拔苗助长"。说的是宋国有那么一个人，望着地里的禾苗心里起急，看了半天也不见长，便伸手把禾苗一一拔高。忙活了一整天，累得东倒西歪，回到家里表功，说今天可把我累惨了，好在禾苗经我手一颗颗都长高了，值！儿子赶紧跑去看——禾苗全都耷拉着脑袋，枯死了。讲罢，孟子叮

嘱学生，千万不要学习这位宋国老兄，又感慨道，天下不拔苗助长的人太少了。（《公孙丑上》）

这就是说，急于求成是修养中的一种普遍现象，与半途而废正好是一对。对于后者，孟子的比喻是，等了半天也不见禾苗长高，顿时气馁，放弃给禾苗除草，就此丢手不管。

（汉画像石）天鹅

修养过程中除了要克服这两种倾向外，孟子还要求专心致志。这里也有一个故事，后人起名“弈秋诲弈”。弈秋是全国闻名的下棋能手，他收了两个学生，同时教他们下棋。其中一个心无旁骛，认真听弈秋讲棋。另一个也在听，但心里面却老是觉着有天鹅要飞来，琢磨着如何张弓搭箭去射落它。这个人虽然与心无旁骛的那个人一起听讲，却比不上那个人。是因为他的智力不如那个人吗？当然不是。孟子说：下棋作为一种技艺，只是一种小技艺；但如果不专心致志地学习，也是学不会的。（《告子上》）小技艺尚且如此，就不要说修身这样的大工程了。

修养是慢工细活，磨的就是恒心定力。

议题 2

重行动

关于以舜为效法榜样，还有这样一件事。一个人叫曹交的人问孟子：人人都可以做尧舜，有这话吗？回答有。曹交道：我听说周文王身高 10 尺，商汤王身高 9 尺，我身高 9 尺 4 寸多，只会吃饭罢了，怎样才能成为尧舜呢？ 孟子说：这有什么关系？只要去做就是了。要是有个人，他的力气提不起一只小鸡，那他就是一个没有力气的人；要是能够举起 3000 斤，那他就是一个有力气的人。同样的道理，能够举起乌获所举的重量，也就是乌获了。人难道应该为不能胜任而发愁吗？只是不去做罢了。在长者身后慢慢走，就是尊长；快步抢到长者前面去，就是不尊长。脚步放慢一点难道是人做不到的吗？完全可以做到，只是不去做罢了。尧舜之道，孝悌而已，你穿上尧的衣服，说尧的话，做尧的事，你便是尧了。你穿上暴君桀的衣服，说桀的话，做桀的事，你便是桀了。（《告子下》）

尧和舜是圣王，不光地位至高无上，德行也是至善至美，而曹交不过一个普通人，认为效法尧舜遥不可及再正常不过了。但孟子告诉他，“人皆可以为尧舜”。尧舜是人，你也是人，只要去做，当然可以实现你的尧舜梦。道理很简单，你遵循尧舜之道，譬如做到尊老爱幼，你就是尧舜。这里的关键只在于去做还是不去做。

这个意思孟子对齐宣王也说过。

孟子问：假如有个人对您说，我的力气很大，足以举起 3000 斤重的东西，可就是拿不起一根羽毛；我的目力极佳，足以瞧清楚小鸟身上的绒毛，可就是看不见一车木柴，您相信他说的吗？齐宣王答：不信。孟子说：有举起 3000 斤重量的能力却拿不起一根羽毛，是因为他不肯用力气；有瞧见小鸟身上绒毛的能力却看不见一车木柴，是因为他不肯用眼睛。那么，老百姓得不到安抚，是因为大王您不肯实施仁爱。可见，您没有使天下归顺，是不肯做，而不是不能做。

齐宣王问：不肯做和不能做有什么区别吗？孟子答：让一个人胳膊下夹着泰山越过渤海，这人说我办不到，这是不能做。让他为老人折树枝，说我办不到，这就是不肯做。您没有实行仁爱，不属于胳膊下夹着泰山越过渤海一类，而属于为老人折树枝一类。

孟子继续说：《诗经》云："先给妻子做表率，然后推及兄弟，接着推广到全国。"无非是说一定要有实际行动罢了。推广仁爱就可以安抚四海，不推广仁爱就连妻子儿女也安抚不了。古代圣贤之所以远远超过他人，其实没有别的，只是把善心变成善行罢了。（《梁惠王上》）

曹交是平头百姓，齐宣王是大国君主，身份不同，但遇到的问题是一样的，即缺乏行动。这不是他们两个人的问题，而是所有人的问题。修养是一项个人性很强的活动，又是围绕心、性、意进行的，因此非常容易脱离实际，走向坐而论道、闭门造车。所以孟子一再提醒人们，有了心得就要去做，绝不腻腻歪歪，推三阻四。

有这么一个小故事，说的是四川偏远地区有两个和尚，一个穷一个富。一天，穷和尚找到富和尚请教：我想到南海去，你看这么样？富和尚看不起穷和尚，穷得叮当乱响，还想去南海朝圣，便反问道：你凭着什么去那样遥远的地方呢？穷和尚底气十足，答：我有一个瓶子和一只碗，瓶子用来盛水，碗用来装饭。富和尚一笑，说：多年来我一直有个心愿，租一条船去南海，但一直未能成行，如今你只靠一个瓶子和一只碗，怎么可能！说罢，连连摇摇头。一年后，穷和尚从南海回来了，富和尚还在为他的船发愁呢。（彭瑞淑：《百鹤堂诗文集·为学一首示子侄》）

孟子喜欢干净利落，主张行动一定要坚决，这样讲：一个人每天偷邻人一只鸡，有人告诉他这不是正派人的行为。他也知道不好，便说那我就减少一点吧，改成每个月偷一只，等到明年再彻底洗手不干。孟子说：如果知道自己的行为不符合道义，就应该赶快停止，为什么非要等到明年呢？（《滕文公下》）这个故事也有一个名字，叫“月攘一鸡”。

总之，做比说更重要，脱离行动的修养将大打折扣。

议题 3
磨砺不可缺

人生有喜有悲，有福有祸。苦难、挫折、失败一般被划入悲，属于不幸，是人所尽量避免的。的确，谁愿意自讨苦吃呢？动物还知道趋利避害呐。然而这不以人的意志为转移，不管是什么人，民也好官也罢，穷也好富也罢，没有一个人能够逃避悲苦和不幸。于是便生出这样一种态度，就是迎难而上，化悲为喜，转不幸为幸。孟子就是这种态度的力倡者。

他有一段名言："舜发于畎亩之中，傅说举于版筑之间，胶鬲举于鱼盐之中，管夷吾举于士，孙叔敖举于海，百里奚举于市。故天将降大任于是人也，必先苦其心志，劳其筋骨，饿其体肤，空乏其身，行拂乱其所为，所以动心忍性，曾益其所不能。人恒过，然后能改；困于心，衡于虑，而后作；征于色，发于声，而后喻。入则无法家拂士，出则无敌国外患者，国恒亡。然后知生于忧患而死于安乐也。"（《告子下》）舜帝以田间农人的身份起步，商朝名臣傅说从筑墙的刑徒中被选拔出来，商朝另一位名臣胶鬲从鱼盐贩子中显露头角，春秋霸主齐桓公的助手管仲出自囚犯，另一位霸主楚庄王的贤相孙叔敖来自偏远的海边，再一位霸主秦穆公的大臣百里奚是用五张羊皮从市场上换来的奴隶。上天打算将大任交给某个人，必定先使他心意苦恼，使他筋骨劳累，使他肚腹饥饿，使他陷于困境，使他的所作所为无一不受干扰而不能如意，用这种方式震动他的心灵，坚韧他的性格，增长他的才干。人总是经常出现过错，然后才有机会改正；心志遭遇困顿，意向受到阻碍，然后才会奋然勃发；由此显露于外，展示在脸上，表达于声音中，然后方能震动他人，被人了解。一个国家，内没有遵守法度的臣子、缺少辅佐的士人，外没有敌对国家、缺少外患的威胁，往往容易衰灭。由此可知，忧患带来生存，安逸导致败亡。

与这段语录经常同时出现的，是司马迁的一段话："文王拘而演周易，仲尼厄而作春秋。屈原放逐，乃赋离骚。左丘失明，厥有国语。孙子膑脚，兵法修列。不韦迁蜀，世传吕览。韩非囚秦，说难孤愤。诗三百篇，大底圣贤发愤之所作也。"（《史记·报任安书》）商朝的西伯姬昌被商纣王关押，这才有了《周易》；孔子颠沛流离，这才有了《春秋》。屈原被楚王放逐，这才有了《离骚》；左丘明失去视力，这才有了《国语》。孙子遭受膑刑，这才有了《兵法》；吕不韦被迁发蜀地，这才有了《吕览》。韩非被囚禁在秦国，这才有了《说难》《孤愤》。《诗经》300篇，大都是圣贤发愤之作。司马迁的话实际上是孟子语录的翻版，但饱含个人深切体验，极具震撼性——所以还应该再加上司马迁本人：司马公身遭宫刑，百般受辱，这才有了《史记》。

在孟子和司马迁那里，苦难不再仅仅是苦难而同时又是幸运，挫折不再仅仅是挫折而同时又是收获，失败不再仅仅是失败而同

柳宗元

（清）上官周 绘

时又是财富，总之它们所组成的磨砺是生命的正能量。孟子和司马迁，一位是大理论家，一位是大史学家；一位博大精深，参透人生，一位博古通今，阅人无数——他们有资格讲这话。

磨砺既是人生的正能量，也是修养必不可少的一环。其实，生活与修养是无法分割的，以反思生活的态度来矫正自己就是修养。修养就在生活中，反过来说也一样，生活就在修养中。

柳宗元，史上著名人物，唐顺宗朝任监察御史，上有皇帝赏识，中有同党吹捧，下有学人追星，别提多得意了。然而好景不长，新皇宪宗即位，柳宗元被贬斥边城永州，后调任柳州（今广西柳州市），当时这里尚未开发，闭塞荒凉，贫困落后。人生遭际中，他在修养方面有两件事值得一提。

当时跟他一起遭贬的还有同道好友刘禹锡，他任职的地方是郎州，后调任播州（今贵州遵义市），比柳州更加荒僻。接到命令后，柳宗元为刘禹锡鸣不平，说播州根本就不是内地人居住的地方，刘禹锡母亲年纪那么大了，断然没有让他在那里为老母安养晚年的道理。为此他打算恳请朝廷把他跟刘禹锡对调，自己去播州任职。恰好御史中丞裴度也有同感，向宪宗求情，刘禹锡才得以改任连州（今广东连县）。这是一件事，爱友。

另一件事是爱民。柳宗元的职务是刺史，地方最高行政长官。他到任后做了不少好事。其中一件是帮人还债。柳州当地习俗，借钱须以子女抵押，过期还不上，利息与本金一样，如果仍无力偿还，子女归债主为奴。为避免悲剧发生，柳宗元给债务人安排一些活计，比如抄书之类，使他们能够还上钱。对那些已经成为债主奴婢的人，柳宗元自掏腰包，替他们赎身。柳州百姓感激他，爱戴他，柳宗元去世，民众为他立庙，奉为城隍，也就是柳州城的保护神。（《资治通鉴》卷239、《唐书·柳宗元传》）

这两件事从修养上看，都属于孟子所说的恻隐之心，对朋友和百姓的不幸深抱同情，柳宗元的行为可以说是通过扩充同情心来加大、加厚自己的仁爱，从而使人格的发展更加丰满。这很大程度上应该归功于贬斥。他本是京官，来往的朋友也都是朝廷新贵，他高高在上，几乎不能直接触及底层民众，这时候即便想奉献一下也没有机会，当然也不会有这个需要。正是命运的剧变，为他的人生进入更高境界提供了可能。也正是注重在困厄中通过修养打磨自己，他在德、功、言这三个方面才获得长足进展——今天我们读到的思想犀利、文字高旷的柳氏美文大都是这一时期的作品——其人生轨迹才得以在中国历史上留下重重的一笔。

缺少磨砺，修养乃至人生将失去分量。

语录

原文——

穷则独善其身，达则兼善天下。

（《尽心上》）

译文——

穷困时独自修养自己，发达时在加强修养的同时造福于天下。

议题 1

自尊

大丈夫是孟子提出的人格概念，既是修养的目标——修养要朝着大丈夫的方向努力；同时又是修养的标准——检验修养的效果如何，就看在大丈夫方面做得怎样。

关于大丈夫，孟子这样概括："居天下之广居，立天下之正位，行天下之大道。"（《滕文公下》）朱熹的注释是："广居，仁也。正位，礼也。大道，义也。"（《孟子集注》卷六）就修养而言，仁爱首先是爱己，表现为自尊；守礼重在恪守规矩，表现为自制；义行主要是做所应做，表现为自立。自尊、自制、自立就是我们下面分别要谈的。

本节谈自尊。

孟子讲过一件事。说有那么一个齐国人，除了妻子还有个妾。他每次出门，都是吃饱了肉喝足了酒再回到家里。妻子问他跟谁一起吃的饭，回答是有钱有地位的人。妻子起疑，因为从来没见过这样身份的人与他来往，便对妾讲了，说打算尾随丈夫探个究竟。第二天一早丈夫出门，妻子悄悄跟在后面，绕来绕去，走遍全城也没见到一个人站下来跟丈夫说话。最后丈夫到了城东郊外墓地，向前来祭拜扫墓的人讨要剩余祭品吃，不够，又东张西望地再找人讨要。原来丈夫就是靠着这个办法吃饱喝足的。妻子回家把情况告诉妾，说：丈夫，是我们崇拜而终身指望的人，现在竟然是这个样子。两人伤心透了，在庭院中咒骂，又相对哭泣。而丈夫全然不知，得意扬扬地回到家里，继续在两个女人面前摆威风。讲到这里，孟子笔锋一转，说：现在人们追求富贵而发达的法子，能够使他们的妻妾不感到羞耻、不相对而泣的是少之又少。（《离娄下》）朱熹加上一句："今之求富贵者，皆若此人耳。"（《孟子集注》卷八）

这是一个寓言，让男人脸红的寓言——他们竟是以牺牲自己尊严为代价混生活的，他们还配享用丈夫这个名号吗？他们养家的钱竟然是这样来的，妻子能抬得起头吗？能踏踏实实地去用吗？难怪女人要哭了，她们失望透了。

相反的也有一个故事，也是孟子讲的，说的是子思。子思名孔伋，是孔子的孙子。鲁国君主鲁缪公钦慕子思，多次派人前去慰问，还送去煮熟的肉，弄得子思很不高兴。终于有一天子思忍不住了，把使者赶出大门。之后面朝北跪下叩头（君主面南而坐），又拜了两拜，回绝送来的肉，说：从今天开始我知道了，原来国君是把我孔伋当狗马来畜养的啊！打这以后，子思再也不接受馈赠了。（《万章下》）这样的事情在孔子身上也发生过，对象是齐国君主。他跟孔子交谈后，感觉非常好，一出手便是大手笔，把一大片土地作为封地送与孔子，不想被一口回绝。孔子说，齐君也太不了解我孔丘了，当即离开齐国。（《论语·卫灵公》）祖孙俩为什么这样做？因为尊严！无功不受禄。就是子思说的，我还没干什么，你就给我好处，这不是对待狗的做法吗？高兴了扔块骨头过去，不高兴了给一脚。

孟子的解释是："无常职而赐于上者，以为不恭也。"（《万章下》）没有职务上的付出而接受上面的赏赐就是不恭敬，等于侮辱自己。孟子还说："食而弗爱，豕交之也；爱而不敬，兽畜之也。"（《尽心上》）给别人好处而没有爱，实质上是人与猪之间的关系；有爱而没有尊敬，实质上是对待家畜的态度。齐国君主和鲁国君主尽管很大方也很恭敬，但那是表面上的，内里缺乏诚意，所以孔子和子思不愉快。

孟子告诉人们，不管对方多么富有、多么有权、多么显赫，也不要把自己看低了。

如果面对的是富人，他说："曾子曰：'晋楚之富，不可及也。彼以其富，我以吾仁；彼以其爵，我以吾义，吾何慊乎哉？'夫岂不义而曾子言之？是或一道也。"（《公孙丑下》）曾子讲了，晋国和楚国的财富，没人能赶得上；然而他们有他们的财富，我有我的仁爱；他们有他们的爵位，我有我的义行，我又比他们低多少呢？没有道理的话曾子会说吗？这话应该有一番道理的吧。

如果面对的是显赫者，孟子说："说大人，则藐之，勿视其巍巍然。堂高数仞，榱题数尺，我得志，弗为也。食前方丈，侍妾数百人，我得志，弗为也。般乐饮酒，驱骋田猎，后车千乘，我得志，弗为也。在彼者，皆我所不为也。在我者，皆古之制也。吾何畏彼哉？"（《尽心下》）跟大人物对话，一定要藐视他，不要把他高高在上的气焰放在眼里。哪怕他殿堂高达几丈，屋檐宽出几尺，要这样想，如果有一天我得志，绝不会靠这些东西给力。哪怕他佳肴满桌，侍奉的姬妾好几百，要这样想，如果有一天我得志，绝不会靠这些东西做劲；哪怕他纵情饮酒作乐，驰骋狩猎，跟从的车辆成百上千，要这样想，如果有一天我得志，绝不会靠这些东西助势。总之他所拥有的，都是我不屑的。我所在意的，是从前圣贤建立的制度。我为什么要怕他呢?

这些显阔摆谱的做张作势，并不能证明什么，只能说明人格的退化。从前的人就不这样，即便是至高无上的王者，追求的也只是善言善行，全然不营造什么权势。那个时候的士人也有志气，只看重学问，全然不顾及什么权势。（《尽心上》）所以今天如果有谁想通过炫富和炫权来包装自己，只能是自毁形象，表明他自身什么都没有，需要靠外物来填充，你就更应该看低他。

滕国君主的弟弟滕更曾在孟子门下学习，属于那种应该以礼相待的人，可是孟子却不搭理他。弟子公都子很奇怪，询问其中原因。孟子说：依恃尊贵的地位而提问，依恃贤能的名声而提问，依恃年长的身份而提问，依恃贡献的荣耀而提问，依恃故旧的关系而提问，凡此五种之一，我一概不给予回应。滕更五中有二，所以我不回答他。孟子的腰挺得直，绝不弯曲一分一毫。

守住自己的人格，你就是大丈夫，无论男女老幼。

议题 2

自制

自制，在任何情况下都能克制自己，坚守立场毫不动摇。孟子说："富贵不能淫，贫贱不能移，威武不能屈，此之谓大丈夫。"（《滕文公下》）

什么是"富贵不能淫"？淫，浸淫、过分，这里指沉溺于富贵所带来的各种享受，忘乎所以，狂妄自大。"富贵不能淫"就是即便钱再多、官再大，也绝不任性。

东晋时，殷仲堪前往荆州任刺史。正遇上水灾歉收，他吃饭通常只用带 5 只小碗的碟子盛一点菜，再也没有别的菜肴了。饭粒掉在桌子上，马上捡起来吃掉。他这样做是想给大家树立个好榜样，但也是他的朴素本性使然。他常常告诫子弟们：不要因为我当了封疆大吏，就认为我会把以往的志向抛弃了，其实我一点儿也没有改变。清贫乃是读书人的常态，怎么能当了官就忘本呢？你们一定要记住我的话。（《世说新语·德行》）荆州是东晋最重要、最富庶的地区，这里的刺史相当于半个皇帝，殷仲堪高官厚禄，依然保持读书人本色，可以说做到了"富贵不能淫"。

也有变质的，富贵而淫。唐玄宗即位之初，社会风俗日趋奢侈腐化，引起了他的警觉，他决定首先从自身做起，下令有关部门销熔专供皇帝使用的金银器物，所得金银补充军队和国家的财政支出；珠宝玉器、锦绣织物在殿前焚毁，自后妃以下一概不得使用这类东西。接着发布敕命，对官员的腰带、酒器、马匹装饰等做出严格限定。全国各地禁止采集珠玉，不得纺织锦绣，违犯这项禁令的官员处以杖刑 100，违犯禁令的工匠减一等治罪。玄宗还下令撤销了设于东西两京的织锦坊。然而随着权力的稳定，唐玄宗逐渐走向腐化，浸淫歌舞酒色，纵容卖官鬻爵，为所欲为，终于导致安史之乱。司马光评论道：唐玄宗即位之初，为了治理好国家，能如此要求自己厉行节俭，然而却晚节不保，以奢侈导致国家败落；奢侈腐化对于人的侵蚀实在是太厉害了！（《资治通鉴》卷 211）

什么是“贫贱不能移”？贫，贫穷，指财产；贱，低贱，指地位。贫也包含困的意思，意即陷于困境，看不到出路。“贫贱不能移”就是即便再穷、再没地位、再无出路，也不改变自己的初衷。

东方有一个士，名叫爰旌目，要去一个地方，不想走到半路饿昏了。正好有个人从这里路过，他来自狐父那个地方，名字叫丘，是个强盗。丘看见爰旌目倒在地上，便从身上取下壶，将里面盛着的粥喂给他吃。爰旌目咽下三口粥，慢慢睁开眼睛，问：您是谁？丘说：我是狐父之人，名叫丘。爰旌目惊讶地“咦”了一声，说：你不是强盗吗？干吗把粥灌到我嘴里？我是遵守道义的人，绝不吃你的食物！说完，他双手抓住地，拼命想吐出咽到肚里的饭，没有吐出来，干呕了一阵，趴在地上死了。（《吕氏春秋·介立》）

那年，齐国发生大灾。一个叫黔敖的人准备了一些食物放在路旁，发放给路过的饥民。一个饿极了的人出现了，他用衣袖遮住半张脸，拖着脚步，两眼昏暗无光，摇摇晃晃地走过来。黔敖左手端着饭，右手提着壶，大声吆喝道：喂！过来吃！那人抬起眼睛看着黔敖，说：我就是因为不吃这种吆喝着施舍的饭，才饿成这个样子。说完，摆摆手去了。这个人终因不肯吃嗟来之食而被饿死了。（《新序·节士》）

爰旌目和那个饥民深陷困境，一口吃的就能活命，但他们把道义、尊严看得比什么都重，面对死亡也不放弃初衷。

什么是“威武不能屈”？威武，震慑人心的强大力量。“威武不能屈”就是即便这种力量再强大，也不能令人屈服。

一般认为这种力量来自对方，不屈就是不向对方的力量低头。西汉成帝时，一个叫朱云的人当着公卿大臣的面，对成帝说：现在的朝廷大臣，上不能匡扶主上，下不能造福民众，都是些占着官位拿着俸禄不干事的人，请陛下赐给我尚方宝剑，砍下一个佞臣的头颅，以警示群臣！成帝问：谁是佞臣？朱云答：安昌侯张禹！成帝大怒，道：小小臣子以下犯上，竟敢在朝堂之上公然侮辱帝师，罪当处死，杀无赦！御史上前将朱云架下，朱云伸手抓住殿上的栏杆，栏杆被拉断了。他大声呼叫道：我能够追随龙逄、比干游于地下，足够了！然而却不知我大汉王朝将怎么办！

御史把朱云架下殿。大臣们被他的忠直所感动，纷纷求情。成帝怒意稍解，没有杀朱云。后来人们要修理折断的栏杆，被成帝止住了，说：别动，原样补一下就可以了，我要用它表彰正直臣子！（《资治通鉴》卷 33）

其实从自身方面解释威武更合理，因为“富贵不能淫”，“贫贱不能移”讲的都是自己，到了“威武不能屈”却变成了对方，不合逻辑，违背古人行文习惯。如是，威武可以理解为职权所带来的威势，比如仪仗、排场之类，所谓汉官威仪。“威武不能屈”就是不迁就权力威势。

晏子上朝，破车劣马。国君齐景公见了，说：哎呀，先生的俸禄不够用吗？为何使用跟您身份不相称的车马呢？晏子答：靠着国君您的赏赐，我的三族得以不愁衣食，社交开支也可以满足，只要能够穿得暖吃得饱，有破车劣马使唤，完全够了。晏子下朝返家，景公安排人给晏子更换车马，来回三次晏子都不接受。景公不高兴，急召晏子，说：先生您要是不接受车马，往后我也不用车马了。晏子说：国君您任用我为百官之首，我应该节衣缩食，为大家做榜样。即使我做到了现在这一步，仍旧担心臣民一味追求奢侈而不注重德行修养。譬如车马，国君乘坐的华贵，臣子乘坐的也华贵，在民众那里就没有了是非标准，那么对于那些浪费衣食而品行不端的人，我就没有办法纠正了。晏子到底没有更换车马。（《说苑卷二·臣术》）

陆象先是唐朝玄宗时的蒲州刺史。他为政宽厚简约，官吏和百姓如果犯有罪过，一般给予好言劝诫，然后让他们回去思过。一个官员对陆象先说：明公您不用刑杖，怎么能显示威风呢！陆象先说：人性相近，这些人难道不理解我的话吗！如果一定要用刑杖来显示威风，那么就从你开始！这个官员惭愧退出。陆象先曾对人说：天下本无事，庸人自扰之。为政如果能够做到正本清源，何愁天下不治！（《资治通鉴》卷 212）

萧何

汉高祖刘邦征讨匈奴回到都城长安，发现萧何主持营造的未央宫非常壮观，很是生气，斥道：天下纷乱不休，人民饱受连年战事的劳苦，至今成败未定，你为什么如此过分地修建宫室！萧何答：正因为天下尚未安定，才需要大力营造宫室。天子以四海为家，宫殿不壮丽不足以加重威势，而且将宫室建造得壮丽一些，也可以使后人的建筑规模难以超过它。刘邦这才缓过颜色来。

司马光评论道：君王以仁义为壮丽，以道德为威势，还从来不曾听说过有依靠宫室规模来镇服天下的。天下尚未安定，理当克制自己，节俭用度，以解救民众的危难，而现在却把营建宫室放在前面，怎么可以说是明白自己的职责呢！从前夏朝的大禹栖身于简陋的宫室，而他的后代夏桀则住在奢华的宫殿。开创大业把王位传给后代的君王，尽管身体力行，为后代做出节俭表率，但其不肖子孙还是陷于骄奢淫逸，何况是向后人显示奢侈呢！这个萧何居然谈什么“可以使后人的建筑规模难以超过它”而促使子孙不得不节俭，难道不是很荒谬吗！

也许正是由于开了这个头，到了汉武帝时代，终于酿成因滥建宫室而导致天下凋敝的悲剧。（《资治通鉴》卷 11）

这三个故事讲的都是对权势的态度，萧何屈从它，晏子、陆象先超越它。这实际上是权力的异化问题。权力本来是人创造出来的，属于人的工具，应该被人支配，如今却独立于人，反过来支配人，人变成了权力的工具。“威武不能屈”是对这种现象的抗拒，不管权势多么威风多么张扬，我都不动心，该干吗干吗。

不难看出，“富贵不能淫，贫贱不能移，威武不能屈”要求的就是始终恪守自己的意志。

守住自己的意志，你就是大丈夫，无论男女老幼。

议题 3

自立

谈到大丈夫，孟子还讲过这样一句话：“得志，与民由之；不得志，独行其道。”（《滕文公下》）得志，便与大众同行；不得志，便走自己的路。这句话表达的就是自立。“独行其道”无疑属于自立，“与民由之”也是自立，你得意了，有了社会地位，但并不脱离民众，而是运用你所掌握的资源为大家办事，带领他们前行。

孟子讲这话，起因是一个叫景春的人，他是纵横家门下。纵横家是先秦诸子中的一家，为当时最重要的十大学派之一。纵横本是方位概念，古时称南北为纵，东西为横。在战国后期七国争雄的大格局中，以崤山（位于河南省）划界，燕、赵、齐、魏、韩、楚六国地处山的东边，呈南北排列，形势为纵；秦国独处山的西边，与另外六国呈东西排列，形势为横。七国中秦国是超级大国，企图横扫六国，一统天下。六国为了生存，便结成抗秦同盟，它们的结盟被称为合纵。秦国为了实现自己的目标，军事外交多管齐下，破坏六国同盟，拉拢其中的国家结成伙伴，这个结盟被称为连横。纵横家人物多为从事政治外交活动的智谋之士，也叫策士，他们凭着灵活的头脑和伶俐的口舌，以合纵和连横为战略，游说诸侯，谋取个人富贵。其中两个人最著名，一个叫苏秦，合纵的代表；一个叫张仪，连横的代表。《孟子》中提到的公孙衍，又名犀首，是纵横家的先驱。

景春对孟子说：公孙衍、张仪是真正的大丈夫，他们一生气，诸侯就害怕；他们平和，天下就安定下来。孟子不屑道：这样的人怎能称得上大丈夫？你没学过礼吗？男子成年时要举行加冠礼，由父亲出面给予训诫；女子出嫁时也要安排训诫，由母亲出面。母亲把女儿送到大门口的时候这样告诫她：你到了丈夫家，一定要恭敬有加，一定要小心谨慎，万万不可违背丈夫的意志。讲到这里，孟子总结道："以顺为正者，妾妇之道也。"（《滕文公下》）

妻妾常常联用，但二者并不等同，妻与夫对等，妾则低一等，近于奴。妇前加妾，突出的就是低贱，专指绝对服从的角色。在这个意义上，古代男人有时也自称妾。这句话的意思是，以顺从为天职，是妾妇遵循的道路。孟子的意思是，男人有男人的道，女人有女人的道，男人的道是自立自主，女人的道则是依赖顺从。公孙衍、张仪之流根本不讲道义原则，无论是鼓吹和平还是策动战争，着眼的都是对方的利益和心理，完全以迎合别人的意志为前提，他们行的不是丈夫之道，而是妾妇之道。所以尽管他们纵横捭阖、叱咤风云，但根本不配做丈夫，就别说在前面加上大字了。

关于这类人，有这么一个故事，说的是各国策士纷纷赶到赵国的都城邯郸，商讨合纵联盟的条约，以对付强大的秦国。秦王为此忧心忡忡。国相范雎对秦王说：大王不必忧虑，我有办法使他们的聚会半途而废。秦国并没有得罪这些策士，他们之所以聚在一起谋划打击秦国，纯粹是为了升官发财。说着，抬手指向一边：请大王看看您的狗，它们现在睡的睡，站的站，走的走，停的停，相安无事，谁也不打搅谁。可是只要扔过去一根骨头，所有的狗都会立即站起身，相互之间龇牙咧嘴，低声咆哮。刚才还好好的，为什么转眼之间就变了样呢？因为所有的狗都想去争夺这根骨头。秦王认为范雎说到了要害上，派大臣唐雎前往赵国。

唐雎带了好几辆车子，上面坐着美女和乐手，还有5000镒黄金。唐雎在赵国的武安大摆宴席，美女起舞，乐手演奏。他朝邯郸的策士们喊话：愿意拿黄金的就到武安来！于是那些在邯郸没有发财的策士直奔武安，果然得到了黄金。他们的立场一下就转变了，对待秦国像兄弟一样亲密，争先恐后拍秦国的马屁。唐雎回到秦国，范雎又给了他5000镒黄金，叮嘱道：不管把黄金送给谁，只要送出去就是立了大功。唐雎又出发了。到赵国的武安后，他送出去的黄金还不到3000镒，策士们就激烈地争吵起来，乱成一团了。（《战国策·秦三》）

这些策士随时准备用一切去换取金钱和官位，包括出卖自己的人格，他们配称大丈夫吗？

孟子之后大约300年，东汉有位学者扬雄，重提往事。有人问他：读孔子的书而采取张仪、苏秦的行动，你看怎么样？扬雄答：这好比叫声如同凤鸟，却身披老鹰的羽毛啊！又问：然而孔子的学生子贡不正是这样做的吗？扬雄答：不一样。子贡做的是事业，张仪、苏秦求的是富贵。再问：张仪、苏秦不跟着前人走，开创了自己的道路，应该算是人才吧？扬雄答：不能说张仪、苏秦那样的人不是人才，但不是我们所说的人才。（《资治通鉴》卷3）

（明刻）扬雄

总之，自立是大丈夫的一个基本条件。那么自立立的是什么？是自己的利益、欲望、性格还是别的什么？

有一个叫宋勾践的人，擅长言辞，常常四处游说。孟子问他：听说您喜欢游说诸侯？回答是的。孟子说：那好，我就跟您谈谈游说的精义，那就是别人理解你，你安然自若；别人不理解你，你也安然自若。宋勾践听着新鲜，问：怎样才能达到这一点呢？孟子说：以推行仁爱为获得，以宣扬义理为乐趣，就可以达到安然自若。故而士人贫穷困顿时不抛弃义行，兴旺发达时不离开正道。贫穷困顿时不抛弃义行，对得起自己；兴旺发达时不离开正道，对得起大众。在古人那里，得志，便给民众谋利；不得志，便修养自己以展示风采。穷困时独自修养自己，发达时在加强修养的同时造福天下。（《尽心上》）

可见，自立就是立于仁义礼智等准则，也就是奉行天理人道，忠实于自己的心性。

守住自己的心性，你就是大丈夫，无论男女老幼。

（五）

修养的地位及其对人路的意义

语录

原文——

西子蒙不洁，则人皆掩鼻而过之；虽有恶人，斋戒沐浴，则可以祀上帝。（《离娄下》）

译文——

如果西施沾染上不干净，人们从她身边走过也会捂着鼻子；一个人尽管面貌丑陋，只要他斋戒沐浴，同样可以祭祀上帝。

议题 1
修养的地位

修养是儒家一大课题，有它的产生和发展。

这个词孔子提过，叫“修己”。子路请教怎样才能成为一个君子，孔子答：修养自己，以至于能够形成敬畏态度。子路接着问：做到这一点就够了吗？孔子答：修养自己，以至于能够安抚周围人。子路又问：这样就够了吧？孔子进一步说：修养自己，以至于能够安抚所有百姓。（《论语 · 宪问》）话不多，原文仅 36 个字，但非常重要，为儒家的修养理论确立了宗旨。

关于修养，孔子明确讲得很少。他更喜欢谈反省，主张通过自我审查改正过错，弥补不足，以求心灵的安宁。

到了孟子，情况大变。他很少谈反省，更关注修养。为什么？这跟人性论有关。我们知道，孔子基本不谈人性，这方面沾边的就一句“性相近也”（《论语 · 阳货》）。孟子大力挖掘人性，形成了一整套人性善学说。那么怎样才能确保并且发扬人的这一本性呢？这就要进行修养。同时这也是证明，通过修养的功效进一步证明人性是善的，恰如通过为政中教化的有效性证明人性善一样。可以说，孟子的修养说是他的人性论的必然产物。

正是在这个基础上，《大学》提出了“修身为本”。（《大学》第1章）《大学》把高一层次的学习分为格物、致知、诚意、正心、修身、齐家、治国、平天下诸环节，所谓的“八目”。前四目构成一个阶段，称内修；后三目为第二个阶段，称外治；修身比较特殊，是内修的终点，同时又是外治的起点，地位格外重要，既可以划入内修也可以划入外治。不过人们喜欢把修身与齐家、治国、平天下列在一起，简称修齐治平。到了《大学》，可以说儒家的修养理论基本定型。

看得出来，孟子的修养说起着承上启下的作用，对儒家思想理论建设功不可没。

程颢程颐兄弟评价孟子的贡献，认为最突出的是两条，一条是“性善”，另一条是“养气之论”，这两条都是孟子的独创。（朱熹：《四书章句集注 · 孟子序说》）后一条实际上就是修养说，其中的养气之论最能代表孟子性格，最具理论特色，同时也对后人影响最大。

别的不谈，我们看看朱熹关于人性的说法。

这需要谈点哲学。朱熹认为，世界的本原是理与气的混合物，仁义礼智等纯粹的理因为是抽象的，不能独立存在，必须挂靠在物质性的气上面，由此形成理气混搭。人性就来自这种混合物，由于这个源头是理气二元结构，人性也就相应地分为两个部分，即天地之性和气质之性。理决定天地之性，气决定气质之性。天地之性大家都一样，人的区别在于气质之性，因为理只有一个，而气则有清纯和浑浊之分。人在形成之际，如果秉承的气清纯，其人性中善的成分就大，因为清气有利于理的显现；如果秉承的

谢安
（清）上官周 绘

气浑浊，其人性中恶的成分居多，浊气把理掩盖了。《朱子性理语类》有一个比方，理好像一枚宝珠，落在清水中依然光芒四射；落在脏水中就被污染了，变得昏暗不明。（《朱子性理语类》卷第四）。圣人、君子、小人、恶人就是这么来的。气越浑浊，人品越低下，混浊到极处，人就成了畜生。

修养就是把气质之性中的脏东西去掉，扩张其中的善，同时发扬光大天地之性。用孟子的话说，就是“善养吾浩然之气”（《公孙丑上》）。

比较有意思的是气质之性决定个性的说法。这点前面谈过一些，潘岳与左思的遭遇为何不同？就因为气质之性不一样。我们再来看一个人，东晋名臣谢安，其非凡定力令世人赞叹不已。他隐居东山时经常与孙绰等人出海游玩。一次起了风，浪涛汹涌，孙绰、王羲之等人无不惊恐失色，吵着要回去。谢安兴致正高，发出一声声长啸。船夫见谢安神态舒闲愉悦，仍旧摇船向前。不一会儿，风势加大，浪头更猛，大家都叫了起来，不敢坐下。谢安这才慢悠悠地说：

看来怕是该回去了吧？众人立即响应，船掉头返回。人们从这件事中看到了谢安的气度，认为他足以安定朝廷内外。

孝武帝时，北方前秦皇帝符坚统领百万大军南侵，谢安任征讨大都督，率军抵抗，命令侄儿谢玄带领 8 万精兵迎敌。双方在寿阳（今安徽今寿县）遭遇，展开决战，符坚大败，史称“淝水之战”。报捷的信件传回京师建康（今南京市），谢安正在跟人下棋，看完信，一句话也没说，随手搁到一边，接着下棋。对方坐不住了，问：战事如何？谢安答：小孩子们大破贼兵。神态举止跟平时没有什么两样。（《世说新语 · 雅量》）事情并未到此结束，据程颐说，谢安下完棋回到家里，激动得把屐（jī）齿都搞断了。屐是木头鞋，齿是鞋上的部件。（《近思录 · 处世之方》）一个立体的谢安展现在人们面前。气质之性因为来自理气混搭，比干巴巴的天地之性远为生动和丰富。

朱熹等宋儒丰富了儒家的人性论，这一成果无疑受益于孟子“养气之论”的启发。我们想说的是，孟子修养说的影响远远超出了修身领域，是全方位的。

议题 2

修养对人路的意义

凡事无论多么复杂，都有其关键，俗称要害、命门，找到它，认识和把握事物就容易多了。那么修养的关键是什么？是仁义礼智等准则，即理。

理像一条红线贯穿修养始终。我们谈的第一个问题是修养的必要，人为什么会出现过错？因为理在你那里有所欠缺。第二个问题是修养的内容，讲修心、养性、固本，最后都要落实到理的上面。第三个问题是修养的要求，无论是坚持、重行还是磨砺，都是为理的加强铺平道路。第四个问题大丈夫，自尊也好，自制、自立也罢，之所以堂堂正正，不屈不挠，依仗的都是理。可以说，理是修养的出发点和归宿点，是修养的核心和根基。

牢牢守住理，就是孟子讲的“不动心”。学生公孙丑问：假如齐国请先生您去做执政卿大夫，使您得以推行自己的主张，由此开辟霸业和王道的辉煌前景，那么先生会动心吗？孟子的回答是：不，打 40 岁开始我就不动心了。（《公孙丑上》）不动心需要从多方面打造，但起决定性作用的是理。理的力量足以抵御外界的一切利诱。

做到不动心，或者说朝着不动心努力，就是坚守善道人路。富贵腐蚀不了我，贫贱动摇不了我，威武屈服不了我，又通过学习和实践不断锤炼我的心性意志，那么还有什么可以改变我的呢？正是修养使我坚定如山，浩如长虹，修养是善道人路的保证。

要把这条道路坚持到底，最重要的是不断从理中吸取营养。

学生徐辟问老师：孔子非常喜欢水，几次赞叹道“水啊，水啊！”请问，在他看来水有什么可取之处呢？孟子答：水从泉眼喷涌而出，日夜流淌，填满洼地后继续前进，直奔大海。所有出于本原的东西的运行都像水这样，所以孔子颂扬它。你想想看，那些无源之水，就是七八月间雨水汇集而成的水，虽然可以马上填满沟壑，但很快就会干涸，这

（汉画像砖）孔子周游列国

个过程立等可见。(《离娄下》)朱熹有诗曰:“半亩方塘一鉴开,天光云影共徘徊。问渠哪得清如许?为有源头活水来。”(《观书有感》二首之一)就是对孟子这段话的表达。修养的功效取决于是否与理的源头接通,一旦中断,前功尽弃。

那么如何才能不中断这个源头?这就需要建立和保持这样一种心态,孟子称之为“忧”,现在叫忧患,所谓“君子有终身之忧”(《离娄下》)。君子总是觉得修养不到位,存在差距,从而不断地回过头来重温义理。生于忧患死于安乐,这样你的人格才能够获得足够的养分而茁壮成长。为了保持这种心态,不妨把修养目标定得高高的,最好高不可及,譬如以尧舜为赶超对象。

真够难的,总是不停顿地走还不难吗?其实修养说难也难,说不难也不难。孟子说:“无为其所不为,无欲其所不欲,如此而已矣。”(《尽心上》)只要达到不去做自己不应该做的事,不去想自己不应该想的事就差不多了,如此而已。

不管是难还是易,人都必须进行修养。否则后果很严重。

一个名叫盆成括的人前往齐国做官。孟子长叹一声:盆成括离死不远了!后来盆成括果然被杀。学生问老师:先生您怎么知道盆成括将死于非命呢?孟子答:盆成括为人喜欢要弄小聪明,不在意处世的根本道理,仅此一条便足以招致杀身之祸了。(《尽心下》)

不是说凡是不修身的都得丢掉性命,必须有别的条件诸如进入官场争权夺利的介入,才能造成如此恶果。但不修身最起码也会导致信誉扫地,人格塌台。到时候就连你的老婆孩子都看不起你,就不要说别人了。(《尽心下》)

要活出个样儿,修养是必需的。

经权：人路的坚守

（一）

经

语录

原文——

居仁由义，大人之事备矣。（《尽心上》）

译文——

坚守仁义，人格高尚的人要做的事情便齐备了。

议题 1

什么是经

经是个借用词，来自织布。纺织用两种线，一是纵的方向的线，称经线；一是横的方向的线，称纬线。经线是不动的，纬线环绕经线运行穿插。经表示恒常不变，比如我们常说的经典，它所阐述的思想理论超越时代局限，放之四海而皆准，具有长效意义，是不变的。我们这里所说的经主要指原则性。

孟子始终坚持读书人的尊严，认为如果没有诸侯的邀约，甚至邀请的程序不合于礼制，绝不自动去拜见对方。学生陈代认为不必死守这一原则，如果在他们面前曲意迎奉就能够实现自己的抱负，何乐而不为呢?

孟子说：你的这个想法其实是以利益去换取原则，很危险。从前有一个驾车高手叫王良，给晋国执政大夫赵简子当差。赵简子身边有个宠爱的小臣名奚，这天他去打猎，赵简子命令王良为他驾车，忙活整整一天，一只猎物也没打着。奚跟主君发牢骚，说还驾车高手呢，王良是天下最不会驾车的人，让我这个射手根本发挥不出来。王良不服，提出再试一次，奚勉强同意，结果一个早晨就收获了 10 只猎物。奚改口了，在主君面前盛赞王良，说他是天下最会驾车的人。赵简子便让王良今后专门为奚驾车。王良不干，说：我按照驾车规范操作，奚一整天也打不到一只猎物，我不按规范操作，他一个清晨就收获10只猎物。我不习惯为他这样的小人服务，还是免了吧。讲完王良，孟子道：驾车人尚且羞于与不守规矩的射手合作，即便获取的猎物堆积如山也在所不惜，那么我又为什么弯曲自己去追随那些诸侯呢？你的看法全然不对，“枉己者，未有能直人者也”（《滕文公下》）。自己弯曲，是不能够让别人站直的。

所谓实现自己的报复当然也就谈不上了。对此朱熹这样解释：“一有计利之心，则虽枉多伸少而有利，亦将为之邪。”（《孟子集注》卷六）意思是，一旦人有了计算利益的心思，即使你照顾到原则，也不可避免地走上邪路，是大曲中的小直，无济于事。

这是利益，不能因为利益而牺牲原则。还有人伦，它比利益分量更重，同样不能因为人伦而牺牲原则。

有人问屋庐子：礼与食哪一个更重要？屋庐子答礼更重要。又问：礼与色哪一个更重要？回答礼更重要。好，对方说：如果一定按照进食礼去吃就会饿死，反之就能活命，你还一定要遵守礼吗？屋庐子迟疑了。那人继续进逼：如果一定按照迎亲礼去娶妻就会做光棍，反之就能够成家，你还一定要遵守礼吗？屋庐子不能回答，跑去问老师。

孟子说：他这个问话有问题，比较的双方不对等，进食礼仅仅是吃饭的一个细部，迎亲礼仅仅是婚娶的一个细部，拿进食礼去比吃，拿迎亲礼去比婚娶，这本身就错了。你去这样问他：扭住哥哥的胳膊抢过他的食物就可以得到吃的，不扭就得不到吃的，那么你会去扭吗？翻过东边邻居家的院墙强行搂抱人家闺女就可以得到妻子，不去搂抱就得不到妻子，那么你会去搂抱吗？（《告子下》）孟子的问题设计非常合理、巧妙，无懈可击，这回该轮到那个人不能回答了，因为以这种非礼方式获得食物和妻子是十足的强盗行径。

孟子说："非礼之礼，非义之义，大人弗为。"（《离娄下》）不合于礼制的规则，不合于道义的做法，追求道德的人是不会去效法的。

这样的行径不要说为君子所不齿，即便是小人也未必瞧得起。

秦国君主秦昭王打算起兵攻打周朝，国人都不赞成，相国范雎也不赞成。他对秦王说：我家乡有个人叫公孙弗忌，见他的邻居年纪老了，便想欺负他。这天他把同伙叫到一起，提议说：我家隔壁老头很有钱，但小气得很，咱们一块儿去吃他的大户。同伙们摇头说：既然他很小气，怎么能给你吃的和喝的呢？秦昭王笑了，觉得这家伙的想法太幼稚。范雎接着说：公孙弗忌见这个法子不行，又提议道：那我们就去偷他的。这回大家的头摇得更厉害了，脸上还露出鄙夷之色。秦昭王接话说：是呀，这个主意太下作了。

范雎讲下去：公孙弗忌不甘心，第二天又把同伙叫到一块儿商量。一个人说：你为什么不换个想法呢？公孙弗忌说：我们上门吓唬他，公开跟这个吝啬鬼要东西。大家议论起来，一半同意一半不同意，还是行不通。秦昭王皱起眉头也帮着想，想不出更好的办法，瞪眼瞧着范雎。范雎说：公孙弗忌想了半天，终于有了主意。您猜怎么着，他的主意是跟那个老人做买卖。拿着钱带上礼品登门拜访，然后跟他讨价还价，把价格压下来。这样用不了几年就可以把他的家财全部掏光。同伙认为这个方法好，同意跟他一块干。

秦昭王松了一口气，觉得这实在是个高明的主意。就听范雎说：为什么前三个法子行不通呢？因为它们都不符合道义，遭到众人的反对。现在周朝虽然衰落了，但仍旧是天下共主，并没有犯下夏朝的桀和商朝的纣那样的罪行，所以找不到合适的理由去讨伐它。这种情况下，人们又怎么会冒着不仁不义的名声支持我们去攻打它呢？（刘基：《郁离子》）

社会有自己通行的准则，是不变的，是经；每个人都必须给予遵守，这也是不变的，也是经。

对于这种不变性的自觉坚守在孟子那里叫守身。孟子说："守孰为大？守身为大……孰不为守？守身，守之本也。"（《离娄上》）守护什么为最大？守护自身为最大……谁又能没有要守护的东西呢？守护自身，是一切守护的根本。孔子也说："临大节而不可夺也。"（《论语·泰伯》）关系到大节绝不改变初衷。

守身可以从人生和事件两个层面来阐释。

议题 2
人生

如果面前摆着两样东西，一样是活命，一样是仁义，二者只能取其一，那么选择哪一个？儒家会毫不犹豫地回答：仁义！

孟子说："鱼，我所欲也；熊掌，亦我所欲也。二者不可得兼，舍鱼而取熊掌者也。生，亦我所欲也；义，亦我所欲也。二者不可得兼，舍生而取义者也。生亦我所欲，所欲有甚于生者，故不为苟得也。"（《告子上》）鱼，是我希望得到的；熊掌，也是我希望得到的。如果这两样不可以同时获得，我就放弃鱼而留下熊掌。生命，是我所追求的；道义，也是我所追求的。如果这两样不可以同时做到，那我就舍弃生命而坚持道义。生命本来是我所追求的，但在我所追求的东西中还有比生命更贵重的，所以我不愿意苟且偷生。

孟子的这一说法是对孔子的"志士仁人，无求生以害仁，有杀身以成仁"（《论语 · 卫灵公》）的发挥。怀抱远大志向和爱心的人，绝不以牺牲仁德为代价来换取生命，而是以牺牲生命来成就自己的仁德。

这讲的是人生整体，在儒家看来仁义在生理生命之上，或者说仁义才是生命的真义。没有仁义内容，用现在语言说生命只是没有灵魂的躯壳，用古人的话说叫禽兽。

杀身成仁、舍生取义的人，被称为仁人志士。

商朝的纣王无道，为了满足个人享乐，横征暴敛，肆意挥霍，最后竟然发展到用酒做池水，用肉做树丛，让男人和女人赤身裸体地在酒池肉林中追逐嬉戏。纣王的倒行逆施引起了人们的强烈不满，他便用酷刑来压制舆论。纣王同父异母的哥哥微子多次劝谏，纣王就是不听。微子心灰意冷，出走他方。纣王有个叔叔叫比干，以死争谏。纣王大怒，据说贤人的心脏有7个孔窍，他下令剖开比干的胸腔，挖出心脏来亲眼瞧一瞧。纣王的另一个叔叔叫箕（jī）子，装出癫狂的样子，跑去给人家当奴隶，纣王把他关了起来。微子、比干、箕子被孔子称作商朝的三大仁人。（《论语·微子》）这三个人为什么获得人们的敬仰？因为他们坚持仁义之路，富于献身精神，为了原则不惜牺牲富贵，乃至舍弃生命。

历史上的仁人志士数不胜数，苏武即为其一。

西汉武帝时，苏武任中郎将，出使匈奴，遭到扣留。匈奴单于命人威逼苏武归降，苏武拔刀刺入自己身体，以示不屈。多亏抢救及时，苏武才活了过来。单于派投降匈奴的汉使卫律处理这件事，卫律挺剑威胁，副使张胜就范，苏武不为所动，痛斥卫律企图破坏汉朝与匈奴关系的险恶用心。单于将苏武关进地窖，不给饭吃不给水喝。当时天降大雪，苏武躺在地上，靠吞食雪片和衣服上的毡毛果腹，竟然未死。匈奴人以为有神灵庇护，将苏武放逐到北海荒无人烟的地方，让他放牧一群公羊，说等到公羊能挤出羊奶，就可以放苏武回国。这里没有粮食，苏武便挖掘鼠洞，吃藏在里面的草籽。他手持汉朝的符节牧羊，无论睡卧还是起身都带着它，以致节杖上的毛缨都脱落了。

过了很久，单于派汉朝降将李陵劝降苏武。他俩曾经一起给汉武帝当侍中。李陵为苏武摆下酒筵，并以乐队助兴。李陵说：在这蛮荒之地，你的信义节操谁看得见呢？你的两个兄弟，已经畏罪自杀，你母亲也已不幸去世，你的夫人还年轻，听说已经改嫁，只剩下两个妹妹、两个女儿、一个儿子，如今又过了十几年，不知道是否还在人世。人的一生，就像早晨的露水一般短暂，你又何必没完没了地这么折磨自己。苏武说：我父子原本没有什么才德功绩，全靠国家栽培，才得以身居高位。我常常希望能够肝脑涂地，报答大恩，即使是斧钺加身，汤锅烹煮，我也心甘情愿，希望你不要再说了。李陵见苏武一片赤诚，长叹道：唉，你真是义士！我与卫律的罪过比天都大！不觉泪湿衣襟。李陵给苏武留下数十头牛羊，然后离去。

后来匈奴发生内变，单于提出与汉朝和亲，汉庭要求放还苏武等人，匈奴说苏武已死。汉庭假说天子在上林苑射下一只大雁，雁脚上系着一块绸缎，上面写着苏武等人在北海放牧。单于十分惊讶，不敢继续扣人，这样苏武才得以返还内地。

除了归降匈奴和去世的以外，随同苏武归来的共有 9 人。苏武出使时是汉武帝天汉元年，归来时已经是汉昭帝始元六年，整整过去了 19 个年头。去者正当壮年，归者须发皆白。昭帝下诏，命苏武用牛、羊、猪各 1 头，以最隆重的仪式祭拜武帝陵庙，封苏武为典属国，品秩 2000 石，赐钱 200 万、公田 2 顷 、住宅 1 所。继承昭帝的是宣帝，迎来了武帝之后的汉朝中兴。宣帝为 11 名功臣绘制画像，悬挂麒麟阁，其中就有苏武，被认为是对中兴做出重大贡

苏武

（清）上官周 绘

献的辅臣。（《资治通鉴》卷 21 ~ 27）

苏武够得上仁人志士这四个字，在如此艰难的环境下不屈不挠挺了 19 年，牢牢守住了自己的人生之路，没有偏离半步。

孟子说："天下有道，以道殉身；天下无道，以身殉道。未闻以道殉乎人者也。"（《尽心上》）天下盛行道义，就让道义在我的生命之路中展现出来；天下道义衰微，就让我的生命为道义的实现开辟道路。还从未听说过应该以牺牲道义去迎合人的。

杀身成仁、舍生取义是一种精神，突出的是自我牺牲。舍生、杀身并不一定就是去死，其实，只要是为了别人而做出牺牲，包括利益、方便、时间等，就是一次成仁取义。这并没有多难，每一个人都曾经做到过，也一定体会过自我牺牲的伟大感、成就感。

那么人为什么要这么做？朱熹的解释是，这并不是为了成就道德，更不是为了追求名声，而是因为自己的心，如果苟且偷生，会受到良心谴责，永世不宁，所以才去做出自我牺牲。（《朱子性理语类》卷第五）

议题 3

处世

人生抉择固然重要，但生活中更经常的考验来自具体事物，需要表明态度和立场，这里面也有守身。

譬如面对金钱。孟子说：一篮饭，一罐汤，吃了就可以活下去，不吃就会饿死。吆喝着“喂！过来吃吧”，过路人尽管饿得头昏眼花也不愿意接受，要是用脚踩踏过，即便是讨饭为生的乞丐也不会收下。然而如今有人不管是否合乎礼义就接受了万钟俸禄。万钟俸禄对我意味着什么？可以住上豪宅，可以使用成群妻妾，可以大把向穷人撒钱。从前宁可去死都不肯接受的东西如今为了豪宅而接受了，从前宁可去死都不肯接受的东西如今为了妻妾成群而接受了，从前宁可去死都不肯接受的东西如今为了可以大把向穷人撒钱而接受了。这些难道非得追求不可吗？孟子说：“此之谓失其本心。”（《告子上》）这就叫丧失心性。

譬如面对权势。孟子讲过一个齐国的猎场管理员。国君齐景公前来打猎，命人挥舞旗帜召他过来，他竟然站在原地一步不动。齐景公很生气，想杀掉他。然而有志之士不怕弃尸山沟，勇敢的人不怕掉脑袋。孔子赞成这个人的做法，为什么？因为齐景公召唤猎场管理员的方式不对头，按规定应该挥动帽子，现在却摇动旗帜。（《滕文公下》）猎场管理员守持的是规矩。

把守身放在前头，不管发生什么都不动摇，绝不屈服，更不同流合污，这一意识极大影响了后人，形成了一种风骨，为世人所推崇。

（汉画像石）小吏

东汉桓帝时，汝南郡太守宗资任用范滂为功曹，非常信任他。范滂正直刚毅，疾恶如仇，外甥李颂没有德行，很不受他待见。李颂走宦官的门路，宦官让太守宗资安排李颂为吏，范滂将公文搁置案头，不肯照办。宗资大怒，迁怒于书佐朱零，挥拳捶打他。朱零抬头对宗资说：这是范滂的公正裁决，今天你就是打死我，我也不违背这个决断。宗资这才作罢。（《资治通鉴》卷 55）

东晋安帝时，岭南军阀徐道覆借刘裕北伐后方空虚之机，率军北上争权，何无忌率军前往阻击，寡不敌众，军卒溃逃。何无忌厉声叫道：拿我的苏武节来！随从奉上苏武节，何无忌手持符节督战。敌兵越来越多，黑云般围上来，何无忌神色不变，话语豪迈，手持苏武节战死。

（《资治通鉴》卷 115）

唐昭宗时，朝廷发兵征讨河东节度使李克用。尚书孙揆被李克用俘获，李克用想让他为自己做事，许以河东副使一职。孙揆说：我乃天子堂堂大臣，兵败而死，是我的命运，怎么能屈身服侍镇守一方的节度使！李克用大怒，命令用锯子锯开孙揆的身体。锯了半天，锯不进去。孙揆骂道：该死的狗奴才！锯人应当用木板夹起来锯，你们知道什么！于是人们用木板把孙揆夹起来行刑，一直到死，孙揆骂声不绝。（《资治通鉴》卷 258）

五代时，后周进攻南唐。大军压境，南唐濠州团练使郭廷谓不能抵挡，与敌人周旋，企图拖延时间等待南唐的救援。不久郭廷谓派去求援的人返回，告诉他朝廷无力援助，郭廷谓命令录事参李延邹起草投降书。李延邹不干，以忠义来斥责郭廷谓，郭廷谓也不示弱，以兵器相威胁。李延邹把笔狠狠摔在地上，说：大丈夫死也不会对不起国家而去为叛臣写投降书！（《资治通鉴》卷 293）

守身的人不光是对敌，即便是对自己看不起的人，所谓“道不同不相为谋”者，也保持一份矜持。东晋的王胡之曾经在东山隐居过一段时间，穷得很。当时陶范在乌程当县令，给他送来一船米。王胡之推掉了，直率地回话说：我王修龄如果饿得受不了的话，自然会到谢尚那里要吃的，不需要陶胡奴的米。胡奴是陶范的小名。（《世说新语 · 方正》）

（二）

权

语录

原文——

无罪而杀士，则大夫可以去；无罪而戮民，则士可以徙。（《离娄下》）

译文——

没有罪而杀害士人，身为大夫者就可以离去；没有罪而杀害平民，士人就可以迁徙。

议题 1
什么是权

与经一样，权也是借用词。朱熹说："权，称锤也。"（《孟子集注》卷七）称锤就是秤砣，引申为权衡，意思是对事物情况进行衡量，然后做出决定。权与经相反，经强调的是恒常不变，权强调的是反常变化，所以习惯上称权变。

问题是这样提出的。"淳于髡曰：'男女授受不亲，礼与？'孟子曰：'礼也。'曰：'嫂溺，则援之以手乎？'曰：'嫂溺不援，是豺狼也。男女授受不亲，礼也；嫂溺，援之以手者，权也。'"（《离娄上》）齐国有个著名辩士叫淳于髡（kūn），问孟子：男女有别，他们之间来往不能有身体上的接触，这是礼的规定吗？孟子答：是礼的规定。好，淳于髡说：现在嫂嫂掉在水里，小叔子能用手去拉她吗？孟子说：嫂嫂掉进水里而不伸出援手，是豺狼行径。言罢总结道：男女之间来往不能有身体上的接触，是礼的规定；嫂嫂掉进水里，小叔子必须出手援救，这是权变。这一对话形式已成经典，当代许多问答都是其变体，诸如母亲和妻子同时掉进水里先去救谁之类。

这里，男女授受不亲是规矩，恒常不变，属于经。而小叔子伸手去拉溺水的嫂嫂则违反这一恒常，是反常，是变，属于权。小叔子采取反常举动，是衡量的结果。出手，违背礼，不出手，则出人命，人命关天；不拉手属于规矩，救人属于人性，人性比拉手大，所以小叔子应该把嫂子拉上来。

问题还没有完。淳于髡把话题又转向天下。问："今天下溺矣，夫子之不援，何也？"孟子说："天下溺，援之以道；嫂溺，援之以手——子欲手援天下乎？"（《离娄上》）淳于髡问：如今天下都掉进了水里，先生您却坐视不救，不肯出手相援，这说得过去吗？孟子道：天下掉进水里，要用道义去援救；嫂嫂掉进水里，要伸手去援救——怎么？难道你让我用手去把天下从水里拉上来吗？

我们不去评论孟子的回答对不对，这里要说的是权变——天下亦有权变问题。朱熹的注释是："言今天下大乱，民遭陷溺，亦当从权以援之，不可守先王之正道也。"（《孟子集注》卷七）在朱熹看来，孟子这话的深意是，天下无道，民众陷于水深火热，这时候就不能再死抱着王道不放，必须以变化来救世，比方革命之类。

这就告诉我们，从私人小事到国家大事，都存在着权变问题。

权变中最常见的是对于同一件事情人们往往采取不同做法。

譬如下面这件事。还是淳于髡，这样责难孟子：先生您在齐国为卿，身居如此高位，没干什么事儿就离去，这是仁人的做法吗？孟子没有正面回答，谈起了几位古代贤者。一位是伯夷，性子硬，追求清高，不以自己的贤能去为不成器的人服务。另一位是伊尹，为人随和，处世有弹性，既可以在圣王商汤手下做事，也可以在暴君夏桀朝中为官，为这两个敌对的君王各服务 5 次。再一位是柳下惠，更随和，更富于弹性，不厌恶一身坏毛病的君主，也不嫌官位小，只要需要他，他就前往。孟子总结道：“三子者不同道，其趋一也。一者何也？曰：仁也。君子亦仁而已矣，何必同？”（《告子下》）这三位贤人尽管具体表现不同，所采取的方式方法不同，但目标方向是同一个，那就是实施仁爱。君子系于仁爱就可以了，何必完全一样呢？

伯夷

这里，仁爱是经，坚持仁爱这个大目标也是经。具体做法是权，既可以像伯夷那样不跟自己厌恶的人打交道，只在明君手下发挥作用；也可以像伊尹那样跟谁都可以打交道，利用所获得的条件去行仁义；还可以像柳下惠那样见缝插针，利用一切机会去做好事，总之不必强求一致。

议题 2

变通

“此一时，彼一时也”，这是大家经常说的一句话。这句话是孟子讲的，出自《公孙丑下》，直译过来就是，这是一个时候，那又是一个时候。不同时间所反映的条件不一样，所以具体做法也就不一样。

鲁国君主鲁平公曾决定会见孟子，后来改了主意，不见了。乐正子询问其中原因，鲁平公说有人跟他讲，孟子为母亲操办丧事的规格超过了父亲，母亲的棺椁和寿衣更为精美。按古代规定，父亲地位高于母亲，故而母亲丧事的规格必须低于父亲，而孟子却反其道而行之，不遵守礼俗，因此鲁平公不见他。乐正子说，您是只知其一不知其二，孟子这么做是有原因的。从前他很穷，父亲去世，财力只允许举办较低规格的丧事，后来财务状况好转，有条件应对高规格的丧事了，所以母亲丧事的举办自然便隆重一些。

变化是一定的，不存在绝对不变的事物和情况。许多时候，变化是必需的，不变不行。

孔子周游天下，前往卫国，途经蒲地（今河南省长垣县）。

恰逢公叔氏背叛卫国，占领了这个地方，切断了道路，把孔子师生困在了蒲城。学生公良儒，孔武有力，拔出长剑，召集众人，打算跟蒲人拼命。蒲人胆怯，提出只要孔子一行不去卫国，他们就放行。孔子同意了。为保险起见，蒲人要求盟誓，孔子也同意了，双方正式签约。一出城门，孔子就变了卦，掉头前往卫国。子贡觉得这么做不合适，说：难道盟誓可以违背吗？孔子回答：要挟别人订立盟约，本身就是违反道义的，为什么要遵守？记述这件事的《孔子家语》的这一章名“困誓”，亦即胁迫下的誓言。

管仲

这么做的还有管仲。当初齐国君主无道，几个弟弟唯恐殃及自己，纷纷逃往他国避难。其中一位人称公子纠，另一位叫公子小白，管仲辅佐的是公子纠。后来政局骤变，先到者为君，两位公子飞速赶回齐国。管仲设伏，亲自放箭射杀小白，箭中腰带上的钩子，小白装死，骗过管仲。公子纠以为竞争对手已死，放慢了速度，结果被小白抢了先，登上国君大位，是为齐桓公。之后公子纠遇害，追随者或者自尽，或者隐匿，管仲遭到关押，后投靠政敌齐桓公。子贡看不上管仲，说他不是仁人信士，因为违背了当初誓言。孔子不同意，说：对于管仲这样的人，怎么能够按照一般人来要求，难道你要他像那些寻常男女一样，因为恪守小信，跑到山沟里上吊，死了都不为人所知吗？（《论语·宪问》）

也有不变的，至死不渝。其中最著名的是一个姓尾生的人。他跟某女相约在桥下会面，女子没有到，洪水却来了。他不肯走，牢牢地抱着桥梁柱子，结果被淹死了。尾声名气很大，《庄子》《淮南子》《史记》《战国策》等典籍都提到过他，其事迹被后人称为“抱柱信”。

孟子赞成孔子的做法，说：“大人者，言不必信，行不必果，惟义所在。”（《离娄下》）

大人，有地位的人，人格高尚的人，也可以理解为通达“道”的人。大人说话不一定句句兑现，做事不一定件件有结果，只要系于道义就行。朱熹在注释中引尹氏言，说：“主于义，则信果在其中矣；主于信果，则未必合义。”（《孟子集注》卷八）以道义为主旨，才能保证所信守的诺言和所达到的结果的合理性。单纯地追求言必信，行必果，所信守的诺言和所达到的结果不一定是合理的。义是适宜，做所应做，这就是说，一切要以是否应该为转移。

其实这也是《论语》的意思：“大德不逾闲，小德出入可也。”（《论语·子张》）大德，原则、“道”；小德，规矩、“术”。大原则不能逾越，小规矩可以出入。也就是孔子说的“君子贞而不谅”（《论语·卫灵公》）。贞，忠贞；谅，小信。君子忠于道义而不拘泥于小信。忠于道义属于大信，大信不亏就可以了，其他都好商量。

不仅信用上面可以灵活掌握，其他方面也都可以变化应对。譬如人际交往。孔子非常注意交往的原则性，在卫国的时候曾表示绝不会为了接近国君而去巴结君夫人南子、宠臣弥子瑕。然而也有变化。他与鲁国执政大夫季康子政见不合，特别厌恶他的贪婪。季康子给孔子送来数十万斤小米，他收下了，说打这以后来往的人与自己更亲近了。一个叫南宫敬叔的人很有影响，坐过孔子的车子，孔子说，打这以后人们更容易听进自己的话了。（《孔子家语·卷二·致思》）季氏有个家臣叫公山弗，担任费（bì，今山东省费县西北）地的总管，起兵反叛季氏，邀请孔子加盟。孔子准备前往。子路很不高兴，说：再没有落脚的地方，也不能去一个叛臣那里啊。孔子说：难道我不知道他的底细吗？如果有人要用我，我难道会满足于维持乱局吗？（《论语·阳货》）他是想借助公山弗推行自己的主张。

变具有“通”的意义。《易经》说：“易穷则变，变则通，通则久。”穷，困顿、行不通。易的法则是，困顿就要变化，变化了就能走通，走得通才能保持长久。由于“变则通”，故称变通。孔子做出变通，走出蒲地，开辟新的局面。管仲做出变通，走出牢狱，迎来新的天地。而尾生不知变通，被困洪水，陷于险境，人没有等来，命也丢了。

变与不变，大不一样。

议题 3
权衡

孟子讲过这样一件事。当初孔子做了鲁国司寇，官很大，却不受重用。国家举行祭祀，孔子跟随国君出席。祭祀结束后国君把祭肉分给大家，别人都有，却没给孔子。于是孔子不脱帽子就离开了。孟子说，人们以为孔子的出走是因为一块祭肉，了解些内情的人则认为是因为这次祭祀不符合礼制。其实都不是。这里真正的原因是孔子对鲁国的政局失望。

这里面就有权衡。权，秤锤；衡，秤杆。权衡是形象说法，表示像秤重量一样经过比较、思考，而后做出选择。所谓“权衡利弊”“两利相较取其重，两害相权取其轻”。

在这件事中，孔子实际上做了两次权衡。一次是进还是退，去还是留。关于进退去留，孟子有不少论述。一个叫蚳（chí）蛙的齐国大夫本来是地方官，在灵丘主政，后来请求调动，到朝廷当从事刑法的官员。他这么做是为了方便向齐王进言，陈述自己的治国之策。蚳蛙来到中央已经几个月了，也没有发表自己的见解。孟子提醒他别忘了调动的初衷，于是蚳蛙向齐王进谏，齐王没有听从，蚳蛙便辞官而去。齐国人议论说：孟子为蚳蛙设计的倒是蛮好的，只是不知道他是怎样为自己设计的。学生公都子把这话传给老师。孟子说：“吾闻之也，有官守者，不得其职则去；有言责者，不得其言则去。我无官守，我无言责也，则吾进退，岂不绰绰然有余裕哉？”（《公孙丑下》）我听说，有官位职守的人，如果无法尽其职责便辞官而去；有进言责任的人，如果言论不被采纳便告辞而去。至于我，既无官位职守，又无进言责任，我的进退去留，不是宽松自如，有足够的余地吗？孔子与孟子不同，既有官职又要进言，经过权衡，孔子决定辞职，因为他无法尽职，不能尽言。

那么怎样离去？是拔脚就走还是找一个理由？于是就有了第二次权衡，找一个理由，也就是利用祭祀问题做文章。孟子说孔子是“欲以微罪行”（《告子下》），以最轻微的承担来告别鲁国政坛。孔子仁厚，尽量不把事情搞大，将负面影响降到最低，无论是对他本人还是鲁国政坛都是这个态度。

除了孔子和孟子自己，孟子还讲过曾子和子思。

当时曾子住在鲁国的武成。南方的越国崛起，势力扩充到今天的山东南部。越国军队进犯武成，有人说强盗来了，何不离开？曾子接受了，吩咐道：不要让人住我的房子，不要毁伤院子里的树木。说完便走了。听说越人退却，曾子吩咐道：修理好院墙房屋，我要回去了。待越人离去，曾子回到武成。学生们道：这里的人对先生是何等的忠诚和恭敬啊，敌兵来了，他却先行离开，让民众怎么看他啊；敌兵退却，他立即返回，这么做好像不大合适吧？

类似的情况子思也经历过，但做法截然相反。子思是孔子的孙子，名孔伋，当时居住在卫国。齐国军队进攻卫国，有人说强盗来了，何不离去？子思说：如果我走掉了，国君与谁来守城御敌呢？孔伋留了下来。

对这两种不同做法，孟子如何评论呢？他说："曾子、子思同道。曾子，师也，父兄也；子思，臣也，微也。曾子、子思易地则皆然。"（《离娄下》）曾子和子思遵循的是同一原则。曾子在武成是老师，处于父兄地位；子思在卫国是臣子，处于下官地位。如果他们二人互换位置，也会像对方那样去做。这里说的"同道"，指的是义，也就是适宜，曾子和子思都做了自己应该做的事。

以上四位，孔子、孟子、曾子、子思，都是儒家圣人，孔子是"至圣"，孟子是"亚圣"，曾子是"宗圣"，孔伋是"述圣"，但他们的具体选择并不相同，各有各的方式。之所以如此，是因为他们各自情况不同，孔子是高官，孟子是客卿，曾子是师尊，子思是臣属。这说明由于主观条件不同，具体表现也就不同。这是从主观角度讲权变，从来都不存在绝对不变的教条。

除主观条件外，权变还有客观方面的原因。

孟子在齐国担任客卿，滕国君主去世，齐王委托孟子作为使者前往滕国吊丧，命令盖地的长官王驩做副使。孟子王驩两人朝夕相处，一起往返于齐国与滕国之间。然而孟子从来就没有跟王驩商量过公务。学生公孙丑问：先生的客卿地位不低了，齐国到滕国的路途也不近了，但往返之中您却不与王驩商量公事，这是为什么呢？孟子说：他既然已经独断专行，我还有什么好说的？按照道理，孟子为正使，一切应该由他拿主意做决断，这是义不容辞的事情，他必须负起这个责任，然而孟子却没有坚持这一原则，因为副使王驩越权。这个人太强势了，依仗齐王的信任以及自己齐国人的身份，什么事都抢在前头。吊丧不是什么大事，孟子犯不上跟他计较，所以采取敬而远之的态度。

这是客观条件导致的权变。这告诉我们，权衡实际上是一种随机行为，根据时间、地点、条件的变化，采取不同的做法，所谓见机行事。题头语录讲的就是这个意思，朱熹的注释是：“君子当见机而作。”（《孟子集注》卷八）

总之，由于主观条件和客观条件都发生着变化，人们的对策和行动也必须随之改变，权变不可避免。

（三）经权的地位及其对人路的意义

语录

原文——

大人者，不失其赤子之心者也。

（《离娄下》）

译文——

人格高尚的人，不丢失婴儿般的赤诚。

议题 1

经权的地位

儒家强调恪守原则，主张道德生命高于生理生命，但绝不死板。正是经权观念的建立，使儒家获得了灵活性，从而把原则与变化有机统一起来，这就是经权观念在儒家思想中的地位。

由于具备了灵活性，儒家思想在现实生活中才能行得通。都说生活是妥协的艺术，只讲原则不讲灵活是要处处碰壁的。

君子重独立，一般不出去给人做事，更不接受别人的财物，但也并非绝对如此。学生陈臻问老师：古代的君子什么情况下才出去做官？孟子给出三种情况。最理想的是君主对君子的接待恭敬有礼，并且承诺实行他的主张。次一等的是虽然没有表示要推行君子的主张，但接待不降格。最次的是君子陷入困境，早上和晚上一天两顿饭都没得吃，饿得出不了门。君主知道了，说：我在大政上不能推行他的主张，又不能听取他的言论，却使他在我的国土上忍饥受饿，我感到羞愧难当。于是便送去财物和米。这种情况下，君子是可以接受的。这样做不过是免于饿死罢了。（《告子下》）

学生万章也问过类似的问题：士人不寄身于诸侯从而不接受

所赐予的财物，这是为什么呢？孟子用了“不敢”两个字，说其他人可以接受赐予，唯独士人不可以，因为这属于“非礼也”，不符合“礼”。万章接着问：如果是馈赠，士人可以接受吗？孟子答可以，因为诸侯对于流落到他的国家的百姓也是要给予周济的。万章不明白，为什么赐予的米就不能接受而馈赠的米就可以接受？孟子的回答是赐予属于报酬，就像守关打更的人，干了活就应该获得酬劳，士人没有出力，无功不受禄，自然不接受赐予。（《万章下》）这就是孟子所说的“非礼也”，即违背原则。士人自尊自爱，对不该拿的利益绝不接受，但只要在道理上能够说通，完全可以另做选择。

这不光是个人之间的往来，还涉及社会习俗问题，就是我们今天说的公序良俗。孟子主张待人要恭敬，万章问：如果我拒绝别人的赠予是否就不恭敬？孟子说：是的，如果这时候你心里琢磨他的东西来路正不正就是不恭敬。孟子这样强调：“其交也以道，其接也以礼，斯孔子受之矣。”（《万章下》）对方按照习俗与我交往，依据礼仪送我礼品，这样做，即便是孔子也会接受的。

这里的反面例子是陈仲子。这个人我们在“义利之辨”一节中谈过。孟子肯定他的气节，但不赞成他走极端。陈仲子认为哥哥的俸禄是不义之财而不吃，哥哥的住房是不义之产而不住。孟子批评道：“人莫大焉亡亲戚、君臣、上下。以其小者信其大者，奚可哉？”（《尽心上》）人最大的过错莫过于不要亲人亲戚、君臣、上下的伦常。因为陈仲子在小事上恪守志节而看不到他在大事情上失节，那怎么可以呢？朱熹的注释是：“其辟兄离母，不食君禄，无人道之大伦，罪莫大焉。岂可以小廉信其大节，而遂以为贤哉？”（《孟子集注》卷十三）陈仲子一根筋，不知变通，把在财物上的守节无限放大，以至于六亲不认，伤害人伦，危及公序良俗，在朱熹眼中，连贤人都称不上了。

经权观念造就了一种见机行事、伺机而动的意识。

东汉桓帝时，掀起了对所谓党人的迫害。岑晊（zhì）逃亡，亲戚朋友竞相掩护藏匿，唯独贾彪闭门不纳。时人对贾彪的行为纷纷进行指责，怨恨他无情无义。贾彪答道：《左传》上说了，等到时机来时才发动，不要连累别的人。岑晊胁迫他的长官，闯出大祸，是他自己害自己，我恨不得挥动兵器来对待他，怎么能够反过来掩护隐藏他？大家听后转变了看法，佩服他处世公正。（《资治通鉴》卷55）

东汉灵帝朝，再次掀起对党人的迫害，其中有位代表人物名叫范滂。范滂是桓帝和灵帝两朝的名臣，他与一些人互相标榜，抨击时弊。不仅文武百官对他恭敬备至，他还深受太学生们的仰慕，他们争先恐后地学习他的风度，认为经学将再度兴起，埋没的士人将会重新得到起用。只有申屠蟠独自叹息着说：当年战国时期民间士人纵横议论天下大事，各国君主甚至有亲自为他们执帚扫除以作为前导的，由此才有了后来焚书坑儒的大祸，这也正是今天所面临的形势。于是申屠蟠隐居乡间，自食其力。两年后，范滂等人果然遭遇党锢大难，只有申屠蟠超然于外，避过迫害。

司马光评论道：天下有道，君子在朝廷上高扬正气以抑制小人为非作歹，无人能够抵挡。天下无道，君子沉默不语，以躲避小人陷害，这样做尚且不能避免。党人产生在政治昏乱年代，又不执掌朝政，面对如同四海横流般的乱象，却打算凭借口舌来拯

士
（东晋）顾恺之 绘

救局势，弘扬清正，打压邪恶，这就好比用手去撩拨毒蛇的头，用脚踩踏虎狼的尾巴，结果不仅给自己造成灾难，还连累朋友。读书人遭受灭顶之灾，汉王朝也随之灭亡了，难道不悲哀吗！只有申屠蟠能够见机行动，不等事情发生便采取对策，他的远见卓识难以企及！（《资治通鉴》卷 56）

与见机行事具有同等价值的是运筹谋划，也属于应变。看历史小说，每临大事需要决策，便有谋士提出上、中、下三策以供主公选择。

三国时，魏国辽东太守公孙渊投降吴国，举兵反叛。魏明帝曹睿命大将军司马懿率军前往征讨。明帝问司马懿：公孙渊将用什么方法对付您？司马懿答：无非三个办法：弃城逃跑，此乃其上策；据守辽东，进行抗拒，为其中策；死守襄平城，被我擒获，是下策。明帝又问三策中公孙渊会采用哪一种。司马懿说：只有明智者才能够权衡敌我双方，从而事先给予取舍，进行选择。这不是公孙渊的能力可以达到的，同时，他还会认为我们孤军深入，远离后方，所以一定会先据守辽水，然后死守襄平城。果然不出司马懿所料，公孙渊死守襄平，兵败被杀，魏国平定了辽东。（《资治通鉴》卷74）这是军事。

南北朝时，北齐孝昭帝高演答应封弟弟高湛为皇太弟，让他将来继承皇位。后来另立太子，高湛不平，违抗孝昭帝，但心中又不踏实，问计于高元海。高元海给出三条计策。上策是，高湛效法汉朝梁孝王的故事，带着几个随从前往晋阳，先去拜见太后，求她哀怜，随后再去求见皇帝，请求削掉自己的兵权，一直到死再也不干预朝政，这样做可以保住目前的荣华富贵。中策是，高湛上表皇帝，说明自己权势过盛，恐怕会招致众人毁谤，请求任命自己为青、齐二州刺史，不声不响地待在任所，这样做可以保住性命。下策是，放手一搏，来个鱼死网破。当今圣上（高演）的帝位是从废帝高殷那里夺去的，假托的是太后的命令。现在可以由高湛出面，召集文武百官，揭露高演当初的阴谋，然后恢复高殷的帝位，号令天下，讨伐高演。这样做胜败难说，胜者王侯败者寇。高湛中意下策。没等他动手，高演从马上跌落，摔断了肋骨，死了，临终前把皇位传给了高湛。（《资治通鉴》卷168）这是政治。

还有抗灾。汉哀帝时，贾让提出治理黄河水患三策。上策是人给水让路，迁走冀州部分百姓，放黄河水向北溃决，流入渤海，可保证千年没有水患。中策是大量开河凿渠，既有利于引水灌溉田地，又可分减水势。下策是对现有堤坝进行增高加厚的补修，消耗人力物力不说，也解决不了水患灾难。（《资治通鉴》卷33）

必要妥协、见机行事、运筹谋划等，属于智的范畴，从观念上说，都是经权观念的具体运用。

我们这里之所以不说权变而说经权，是因为变化并非只是变化自身的问题，同时还涉及原则性，是在坚持原则也就是在遵循“经”的大前提下的灵活，没有修炼到一定程度是达不到的，很可能走上一味追求灵活多变而违背义理的道路。

有人责难舜，说他没有禀告父母私自娶妻。孟子为舜辩护，说了那句人尽皆知的话：“不孝有三，无后为大。”（《离娄上》）舜是经过一番权衡的，父母对自己有成见，如果禀告，他们一定从中阻挠，一旦如此，自己便无法生儿育女，哪个更严重，显然是无后。所以“舜不告而娶，为无后也”（《离娄上》）。朱熹在注释中引范氏言道：“天下之道，有正有权。正者万世之常，权者一时之用。常道人皆可守，权非体道者不能用也。”（《孟子集注》卷七）朱熹告诫人们，“正”“常道”，也就是“经”，非常明确，人人都可以尊奉；权就不同了，不是对“道”掌握至深的人是不可以随便乱用的。

特别是在信用问题上的灵活更要小心从事。“君子贞而不谅”，君子可以不拘泥于小信，但这个口子一开，有可能为不诚不信打开大门。所以古人主张，如果不是道行很深的人，切不可自作主张，只要是承诺，不分大小，应一概给予兑现。这就要求谨慎，也就是孔子说的“慎于言”“谨而信”（《论语·学而》）。说话小心，承诺谨慎，虽然不够痛快，但能够避免许多麻烦。

议题 2

经权对人路的意义

经与权，谁主谁从？回答是经主权从。权变不管多么实用、多么有效、多么吸引人，都必须以原则为核心，围绕经而展开。

我们以前面引用过的孟子的两段议论为例，看看经与权的这种关系。

一段是关于蚔蛙。蚔蛙入朝为官，孟子提醒他别忘了向齐王进言的初衷，齐王不听蚔蛙谏言，蚔蛙辞官离去。由此孟子谈到自己，说他本人既无官位职守又无进言责任，来去自由。（《公孙丑下》）对于这段议论，朱熹在注释中引尹氏言说："进退久速，当于理而已。"（《孟子集注》卷四）是进还是退，留下的时间有多长，离去的时候是否迅速，属于权变，它们完全以理为转移。理属于经，以理为转移就是以经为主，以原则为核心。

一段是关于人际交往。孟子主张一定要怀抱恭敬之心，遵守礼俗，不要随意拒绝对方的赠予。由此联系到孔子的为官生涯。在孟子看来，孔子是为了黎民百姓出来做官的，这是大目标，但具体选择灵活多变。在鲁国执政大夫季桓子手下为官，是因为可以推行自己的主张；在卫国君主卫灵公那里为官，是因为国君以礼相待；在卫国另一位君主卫孝公那里为官，是因为国君供养贤才。（《万章下》）对于这段议论，朱熹在注释中引尹氏言说："圣贤辞受进退，惟义所在。"（《孟子集注》卷十）在圣贤那里，是推辞还是接受，是进还是退，完全以义为取舍。辞受进退属于权变；义是做应做之事，属于经，体现的是大原则，以义为取舍就是坚持原则。

儒家的观点很明确，权不能脱离经，灵活性不能脱离原则性。抛开经的前提去搞权变，背弃原则立场去搞灵活，叫作离经叛道。权的合法性就在于它是否附属于经，经永远是第一位的。甚至可以这样说，儒家之所以承认权变、运用权变，是为了更好地遵循经，为原则的实现开辟道路。

阮咸，三国时期魏国人，著名的竹林七贤之一。当时山涛、阮籍、嵇康、向秀、刘伶、阮咸、王戎这七位朋友常常在竹林下聚会，饮酒抒怀，被世人誉为七贤。阮氏聚居的地方，中间是一条路，路南的人家比较穷，路北的人家比较富，阮咸、阮籍住在路南。7月7日，按照习俗是晾晒衣物的日子，路北挂出来的都是绫罗绸缎，令人眼花缭乱，阮咸却用竹竿在自家院子里高高挑起一条粗布短裤。人们奇怪，他回答说：我还不能免俗，姑且这样吧！（《世说新语 · 任诞》）很搞笑，是吧，其实这里有深意，充满了反讽，阮咸是以此举表示自己对物质主义世风的轻蔑。阮咸追求自由，崇尚自然，鄙夷世俗，这是他的经，是不变的原则；高挑粗布短裤是权变，他是以变来展示不变。

春秋时期，楚国攻打宋国，宋国向晋国告急，晋国派一个叫解扬的人前往宋国联络。解扬落到楚军手里，楚国君主楚庄王拿出许多钱财收买他，让他向宋国喊话，假说晋国不出兵，以此来动摇军心，解扬答应了。不想到了现场解扬根本不遵守约定，大声叫道：城里人听好了，晋国正在动员全国兵力前来援救，你们万万不可泄气！楚庄王气极了，下令把解扬扔进开水锅里活活煮死。解扬说：君王出于道义制定命令，臣子出于信用执行命令。我受晋君之命出使宋国，恪守信用，就是死了也值得。呸！庄王啐道：你小子还配谈信用？答应我好好的，到了城下就变卦，你的信用在哪里？解扬昂然答道：我对大王的信用就是死，我以生命来回复。晋君的话我捎到了，使命已经完成，我没有什么可遗憾的了。说罢回过头来对楚国大臣们叮嘱道：天下做臣子的，不要忘记那些尽忠而死的人。大家被感动了，一起为解扬求情。楚庄王释放了他，送他返还晋国。晋君赐他上卿爵位。解扬是晋国霍（今山西省霍县西南）地人，由于他的表现，人们叫他霍虎。（《说苑卷十二·奉使》）解扬答应楚庄王是权变，忠于使命是不变，他以变来达到不变。

孟子

从权与经的关系我们可以看到经权对人路的意义，这就是坚持。只有采取以原则为核心的灵活多变，原则才能够得以实现，贯彻到底，人在善道人路上也才能走下去。

坚守原则的人在孟子那里又叫“大人”。齐王有个儿子人称王子垫，他问孟子：士人以什么为本职呢？孟子的回答只有两个字：“尚志。”王子垫问什么是崇尚志向？孟子答：“仁义而已矣。杀一无罪，非仁也；非其有而取之，非义也。居恶在？仁是也；路恶在？义是也。居仁由义，大人之事备矣。”（《尽心上》）大人指公、卿、大夫一类有社会地位的人，孟子认为这样的人应该是道德高尚的人，所以大人又指人格高大的人，也就是今天说的大写的人。这句话的意思是，崇尚志向不过是坚守仁义而已。杀害一个无罪的人就是不仁，获取不应该得到的东西就是不义。人来到世上，家在何处？在仁爱。人来到世上，路在何处？在道义。居于仁爱行于道义，“大人”的基本条件便具备了。

要做到这一点不容易。不说别的，单只闲言碎语这关便不好过。

一个叫貉（mò）稽的人找孟子诉苦：人们老是说我坏话。孟子说：那又有什么，哪个士人没经受过这种最令人讨厌的多嘴多舌。《诗经》中唱道“满腹愁苦心焦虑，怨愤小人恨难消”。孔子就经历过这样的处境。《诗经》还唱道：“虽不尽消他人恨，也不损害自己名。”周文王就曾经采取过这样的对策。（《尽心下》）孟子请出孔子和周文王两位先圣来为貉稽打气，让别人说去，走自己的路。从这段对话可以看出，上到圣人圣王，下到普通读书人，都得勇闯舆论关。

程颐这样鼓励人们：大人就是在困顿中也仍旧坚守原则，不混杂于小人族类而堕落，即使一时不顺利，但在大道上是通达的。相反，如果与小人为伍，虽说可以带来暂时的顺利，但在大道上是闭塞的。（《近思录·出处进退·辞受之义》）

“敦艮，吉。”这是《近思录》引用的“艮卦”上九爻的爻辞，用来说明坚持的益处。敦，笃定。意思是坚守原则不动摇，吉利。

（京）新登字 083 号

图书在版编目（CIP）数据

为善之道：《孟子》导读 / 高路著 .—北京：中国青年出版社，2016.2
（高中传统文化通识课助学读物）
ISBN 978-7-5153-3976-4

Ⅰ . ①为… Ⅱ . ①高… Ⅲ . ①儒家 ②《孟子》—青年读物 Ⅳ . ① B222.5-49

中国版本图书馆 CIP 数据核字（2015）第 288868 号

责任编辑：王钦仁　刁　娜
封面插图：基　尔
书籍设计：瞿中华

出版发行：中国青年出版社
社址：北京东四十二条 21 号
邮政编码：100708
网址：www.cyp.com.cn
编辑部电话：（010）57350507
门市部电话：（010）57350370
印刷：三河市京兰印务有限公司
经销：新华书店
开本：880 × 1230　1/32
印张：9.375
字数：197 千字
版次：2016 年 2 月北京第 1 版
印次：2016 年 2 月河北第 1 次印刷
定价：26.00 元

本图书如有印装质量问题，请凭购书发票与质检部联系调换
联系电话：（010）57350337